JLPT 급소공략

급소만을 집중 공략한
JLPT(일본어능력시험) 완벽 대비서

N1 독해

다락원

JLPT
급소공략 N1 독해 <2nd EDITION>

지은이 권영부, 関恒夫
감　수 中村哲
펴낸이 정규도
펴낸곳 (주)다락원

초판 1쇄 발행 2011년 4월 1일
개정판 1쇄 발행 2018년 10월 8일
개정판 4쇄 발행 2024년 1월 5일

책임편집 송화록
디자인 장미연, 정규옥

다락원 경기도 파주시 문발로 211
내용문의: (02)736-2031 내선 460~465
구입문의: (02)736-2031 내선 250~252
Fax: (02)732-2037
출판등록 1977년 9월 16일 제 406-2008-000007호

ISBN　978-89-277-1208-4　14730
　　　　978-89-277-1205-3(set)

http://www.darakwon.co.kr

- 다락원 홈페이지를 방문하시면 상세한 출판 정보와 함께 동영상 강좌, MP3 자료 등 다양한 어학 정보를 얻으실 수 있습니다.
- **다락원 홈페이지**에서 "(2nd EDITION) JLPT 급소공략 N1 독해"를 검색하시거나 표지 날개의 **QR코드**를 찍으시면 **해설집**을 다운로드 하실 수 있습니다.

국제화, 세계화라는 파도를 타고 넘지 않으면 개인이든 사회든 국가든 생존 경쟁에서 뒤쳐질 수 밖에 없습니다. '국제화＝영어 실력'이라고 생각하는 것은 틀린 말은 아닙니다만, GDP 규모면에서, 특허 취득면에서, 수출입 규모면에서, 그리고 다양한 문화나 심지어 문학적인 측면에서도 일본이라는 나라는 여전히 세계적인 강국 중 하나입니다. 특히 아시아권에서의 일본의 위상은 여전히 무시할 수 없는 강한 힘을 가진 나라입니다.

일본어를 잘하는 것은 한 개인에게 있어서 분명히 하나의 무기라고 생각합니다. '일본어 좀 한다'와 'JLPT(일본어능력시험) N1에 합격했다'는 말은 의미하는 바가 크게 다를 것입니다. 현대를 「エビデンスの時代(증거의 시대)」라고 말하는 사람이 있는데, 저희 두 저자는 그 말에 크게 찬동합니다. '실력이 있다'와 '시험에 합격했다'는 말은 입사 시험의 당락을 결정짓기도 하기 때문입니다. 시험은 붙고 볼 일이며 자격증은 따고 볼 일입니다. 타인에게 증거를 보이는 방법은 종이로 된 「エビデンス」보다 좋은 것은 없을 것입니다.

최근 일본으로 취업차 진출하는 사람이 점점 늘고 있는데 대부분의 회사에서는 JLPT 급수를 요구합니다. 본서가 거기에 부응하는 책이 되기를 바라며 다소의 수정을 가하여 개정판을 내기에 이르렀습니다.

본서는 새로워진 JLPT 시험의 합격을 위하여, 저희 두 저자가 20여 년간 학생을 가르치며, 또 책을 만들며 축적한 모든 노하우를 담으려고 노력을 기울였습니다.

---

❶ 새로워진 시험 방식에 쉽게 적응할 수 있도록 기출문제의 경향을 철저히 분석, 반영하였습니다.
❷ 향후 시험문제로 나올 수 있는 '경우의 수'를 넓게 잡아, 다양한 문제를 접할 수 있도록 하였습니다.
❸ 어학의 기본인 문법과 폭넓은 어휘를 접할 수 있도록 하였습니다.

본서와 아울러 시리즈로 「JLPT 급소공략 독해 N2·N3」도 출간되었으므로, 더욱 탄탄한 기본기를 갖추는데 활용할 수 있으리라 생각합니다. 아무쪼록 본서가 여러분들의 합격에 일조를 할 수 있기를 바랍니다.

끝으로 본서의 일본어 원문을 자연스러운 일본어로 다듬어 주신 나카무라 사토루 선생님께 감사의 마음을 전합니다.

芸は身を助く
(어떤) 재주가 (하나) 있으면 (언젠가는) 나를 (크게) 도우리라

권영부
関 恒雄

JLPT (일본어능력시험)
N1 독해 유형 분석

2010년부터 실시된 JLPT(일본어능력시험)에서는 내용 이해(단문, 중문, 장문), 종합 이해, 주장 이해, 정보 검색으로 총 6가지 유형으로 구성되며, 지문은 11개로 그 수가 늘었다. 그리고 문제 수도 기존 시험은 약 23문제였으나, 新시험에서는 26문제로 늘었다. 단문-중문-장문의 비율이 평균 4-2-2였던 것이, 新시험에서는 4-4-3으로 중·장문의 비중이 커졌다. 배점도 전체에서 1/3을 차지하는 등 독해는 기존 시험보다 더 어려워지고 비중도 커졌다.

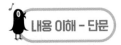

問題8 주로 생활, 업무, 학습 등 다양한 주제를 포함한 200자 정도의 수필이나 설명문, 지시문을 읽고 내용을 이해했는지 묻는 문제이다. 총 4개의 지문이 나오며, 각 지문당 1문제씩 출제된다.

주로 글의 전체 주제를 묻는 문제나 필자의 주장이나 생각을 묻는 문제, 밑줄 친 부분의 의미를 찾는 문제, 문맥을 파악하는 문제 등의 형태로 출제된다. 전체 독해 문제 중에서 지문이 가장 짧기 때문에 필자의 주장이나 의견, 전체 지문의 요점을 나타낸 키워드나 문장을 빨리 파악하는 것이 중요하다.

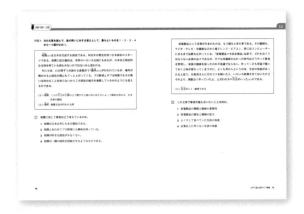

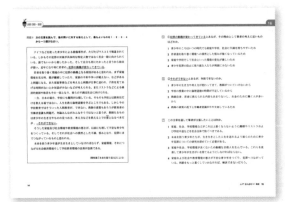

問題9 비교적 평이한 내용의 신문 논평, 설명문, 수필 등 500자 정도의 지문을 읽고, 인과 관계나 개요, 이유, 필자의 생각을 이해했는지 묻는 문제이다. 총 3~4개의 지문이 나오고 각 지문당 2~3개의 문제가 출제된다.

주로 문장의 개요나 필자의 생각, 인과 관계를 묻는 문제가 출제되기 때문에, 각 단락이 말하는 내용이 무엇인지 파악하는 것이 중요하다. 문장의 주제나 필자의 생각은 주로 마지막 단락에서 정리가 되므로 주의 깊게 본다. 인과 관계나 이유를 묻는 문제의 경우는 주로 밑줄 친 부분의 문장의 앞뒤 문맥을 살펴서 문제를 풀어야 한다.

내용 이해 - 장문

問題10 설명문, 수필, 소설 등 1,000자 정도의 지문을 읽고 개요나 논리의 전개 등을 이해했는지 묻는 문제이다. 총 4개의 지문이 나오고 각 지문당 1개의 문제가 출제된다.

주로 글의 전체 주제를 묻는 문제나 필자의 주장이나 생각을 묻는 문제, 밑줄 친 부분의 의미를 찾는 문제, 문맥을 파악하는 문제 등이 출제된다. 필자가 글을 쓴 의도나 주장을 묻는 문제는 문장 전체의 의미를 파악하는 것이 중요하다. 또한 키워드를 찾거나 필자가 강조하는 것이 무엇인지 파악하는 것도 중요하다.

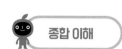

종합 이해

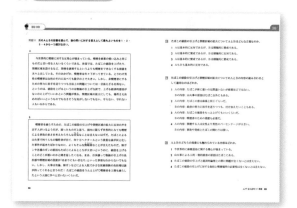

問題11 600자 정도의 신문의 칼럼이나 기사 등의 같은 주제에 대한 두 가지 이상의 글을 읽고 공통점이나 상이점을 비교하거나, 복수의 지문 내용을 종합하여 이해하는 능력을 요구하는 문제가 출제된다. A, B로 구성된 지문이 나오고 3문제가 출제된다.

비교적 평이한 내용이므로 글 자체는 어렵지 않지만, 기존에 없었던 문제 형태이므로 자칫 당황할 수 있다. 전체를 신속하게 읽거나 또는 문제에 따라 부분을 깊이 있게 읽는 방식으로 이해한다.

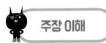

주장 이해

問題12 추상적이고 논리적인 1,000
자 정도의 장문을 읽고 필자가 전달하려
는 주장 의견을 얼마나 이해할 수 있는지
를 묻는 문제이다. 총 1개의 지문이 나오
고 4문제가 출제된다.
전체적 내용 이해, 키워드의 파악, 논리
전개 등을 파악하는 것이 주장 이해 문제
를 해결하는 데 무엇보다 중요하다. 독해
문제 중에서 가장 난이도가 높은 파트로
단어 수준도 높은 편이다.

정보 검색

問題13 기존에 없었던 문제 방식으로 700자 정
도의 광고, 팸플릿, 정보지, 전단지, 비즈니스 문서 등
의 정보 소재글 안에서 자신에게 필요한 정보를 찾아
낼 수 있는지를 묻는 문제이다. 총 1개의 지문이 나오
고 2문제가 출제된다.
정보를 주는 문장의 경우 처음부터 끝까지 꼼꼼히 읽
고 이해하는 것이 아니라, 읽는 목적에 따라 필요한 부
분만 찾아서 읽으면 되기 때문에, 문제가 지문의 앞에
온다. 따라서 먼저 질문과 선택지를 읽고 필요한 정보
가 무엇인지 파악하는 것이 중요하다.

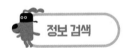

이 책의 구성과 특징

본문

문제의 유형을 나타낸다.

모의 고사
형식의 교재로 총 5회의
모의고사가 실려 있다.

부록

정답과 해석
부록에는 각 문제의 정답과
지문 해석, 단어 및 표현이
정리되어 있다.

목차

JLPT 급소공략　**N1 독해**

問題 8 次の文章を読んで、後の問いに対する答えとして、最もよいものを 1・2・3・4 から一つ選びなさい。

　相撲(注1)は日本を代表する国技である。何百年の歴史を持つ日本固有のスポーツである。相撲に似た競技は、世界のいろいろな国にもあるが、日本ほど国民的な支持を得ている国も少ないのではないかと思われる。

　年に 6 回、15日間ずつ全国の主要都市で「場所(注2)」が行われているが、場所が開かれると国民の関心もぐっと上がってくる。プロ野球とダブる時期でもその勢いは冷めることを知らないからこそ国民の統合を象徴しているかのようにも思えるのである。

(注1) 相撲：二人の力士が土俵の上で倒すか土俵の外に出すかによって勝負を決める、日本古来の競技
(注2) 場所：相撲大会が行われる所

1　相撲に対して筆者はどう考えているのか。

1　相撲は日本以外にもある競技である。

2　相撲とあわせてプロ野球にも興味を持っている。

3　相撲が好きな国民が少なくない。

4　相撲は一種の国民を団結させるようなものである。

　　家電製品という言葉が生まれたのは、もう随分と昔の事である。その範囲も、ラジオ・テレビ・冷蔵庫などから電子レンジ・エアコン、更にはコンピューターに至るまで品数も広がっている。「家電製品＝生活必需品」な訳で、どれもなくてはならない必須の品々であるが、中でも冷蔵庫のなかった時代はどうやって飲食を管理し、家族の健康を保ったのか不思議でならない。作って二日も常温で置いておくと味が変わってしまうのに、よくも昔の人は、生活の知恵があったな、と思う。お祖母さんにそのコツを聞いたら、いろいろ乾燥させてはいたけどそれより、無駄なく作っていたよ、と言われ少々合点がいった(注1)のである。

(注1) 合点がいく：納得できる

2　この文章で筆者が最も言いたいことは何か。

1　家電製品の種類と健康の重要性

2　家電製品の歴史と種類の拡大

3　よく干して食べていた生活の知恵

4　必要以上に作らない生活の知恵

離婚率の上昇が人口の成長を妨げ、行く行くは社会の安定を阻害する(注1)可能性が高いとの記事を読んで驚きと共になるほどといった感じがした。妊娠可能な女性の人口が減少しているという話が出たのもだいぶ前の話。ただでさえ、人口の減少が懸念されているというのに、妊娠できる女性が結婚生活を送らないことによる出生率の低下が、段々人口の減少につながっているという訳である。不景気だから離婚率が上がり、離婚率が上がるがゆえに余計子供が産まれなくなる。俗的な表現をすればダブルパンチを食らったようなものと言っていいだろう。悪循環の典型と言ってさしつかえないと思った。

(注1) 阻害する：妨げる

3　文中のダブルパンチとは何か。

1　不景気と就業率の低下

2　不景気と結婚問題

3　不景気と人口減少

4　不景気と社会の不安

年頭のご挨拶を申し上げるべきところ、

喪中^{もちゅう}につき失礼させていただきます。

神無月^(注1)に父裕之が八十三歳にて永眠いたしました。

平素のご交情、ご高配を深謝^{しんしゃ}いたしますとともに

新年もよりご健勝にてご発展あらんことを^(注2)をお祈りいたします。

平成00年十二月

(注1) 神無月^{かんなづき}：陰暦^{いんれき}10月の異称^{いしょう}

(注2) あらんことを：ありますように

---

4 これは次のうち何に当たるものなのか。

1 残暑お見舞いのハガキ

2 新年を祝う年賀状

3 暑中お見舞いのハガキ

4 家に不幸があり謹慎中^{きんしんちゅう}であることを伝えるハガキ

問題 9 次の文章を読んで、後の問いに対する答えとして、最もよいものを１・２・３・４から一つ選びなさい。

ナイフなどを使った青少年による殺傷事件が、たびたびマスコミで報道されている。しかもその犯罪の対象が具体的な特定人物ではなく社会一般に向けられている。「誰でもいいから殺したかった。そして自分も死にたかった」と言うから始末が悪い。近年になり特に若者の①犯罪の動機が変わってきている。

若者を取り巻く環境の中に犯罪の動機となる原因があると思われる。まず家庭環境を見る時、親が離婚していたり、家族の不和や争いが絶えない、などがあると問題になる。また家庭事情などを考えると両親が仕事に追われ、子供を見てあげる時間がないとか対話が少ないなどが考えられる。またリストラなどによる経済的貧困や格差もその一因となり、彼らの不満は社会に向けられる。

一方、日本の場合、学校にも難問が山積している。そもそも学校とは教科目だけを教える場ではない。人生を教え倫理道徳を学ぶところでもある。しかし今の学校教育ではそういった人間教育が、できない。教師の資質もあろうが教育者の労働者意識も問題だ。勿論みんながみんなそうではないと思うが、教師たるものは青少年の生き方やものの見つめ方、考え方などを教える上での要となるべきだが、②それができない。

そうした家庭及び社会環境や教育環境の悪さが、以前にも増して不安な青少年をつくっている。そしてそれが社会への漠然とした不満、恨みとなり、犯罪にまでつながっているものと思われる。

未来を担う青少年達が生き生きとしていなければならず、家庭環境、それにつながる社会経済環境そして学校教育環境の改善が急務である。

(関恒雄『未来を振り返る』による)

14

5 ①<u>犯罪の動機が変わってきている</u>とあるが、その理由として筆者の考えに近いもの
はどれか。

1 青少年のころはいつの時代でも家庭や学校、社会に不満を持ちやすいため

2 若者達を取り巻く環境への漠然とした恨みが強くなっているため

3 家庭や学校そして社会といった環境の変化が激しいため

4 青少年犯罪の防止に取り組む人たちが周囲に少ないため

6 ②<u>それができない</u>とあるが、何故できないのか。

1 青少年の生き方や考え方が変わってきて、教師がついていけないから

2 学校の授業の中に倫理道徳の時間が不足しているから

3 教師自身、若者に教えられる内容もあまりないし、お金のために働く人が多い
から

4 教師の資質の低下と労働者意識がやや欠如しているため

7 この文章を通して筆者が主張したいことは何か。

1 家庭、社会、学校環境などがこれ以上悪くならないように離婚やリストラおよ
び学校中退などを社会全体で防ぐべきである。

2 未来を担う青少年たちが、生き生きとした人生を送れるよう彼らのために青少
年犯罪についての研究を深めていく必要がある。

3 家庭や社会、学校環境が良くないため動機なき殺人を生んでいる。これらを改
善して青少年が生きがいを持てるようにしなければならない。

4 家庭および社会や教育環境の悪さが不安な青少年をつくり、犯罪へつながって
いる。刑罰をもっと重くしていかなければ、解決できないだろう。

①大きな政府がいいか、それとも小さな政府がいいのか、今再び論議の的になっている。小さな政府とは財政規模から機構まですべて小さくして地方の充実と拡大を図るものである。規制をなるだけ緩和し自由競争を促進するというものだ。

　反対に、大きな政府とは基本的に財政規模を大きくし国家機構も充実していく。地方依存度は当然低くなる。市場経済原理のみに頼らず、時に応じて国が施策を講じていくというものだ。

　結論的に大でも小でもない中間的な政府がいいと思う。あまりに自由競争原理を優先させると弱肉強食の殺伐とした社会になるからである。

　もちろん、努力して他企業よりも高品質、高サービスを実現し、企業価値を高めていくのは、当然である。その努力と競争がなければ旧共産主義体制のような②効用価値の少ないものばかり作ってしまうことになりかねない。

　しかし、自由競争に敗北した企業はリストラして多くの失業者を出す。そして所得格差から社会不安が増すようになり、様々な弊害をもたらす。

　そういう意味でこの二つのシステムの長所を合わせていく経済システム、政府のあり方が望ましい。

　しかし、残念ながら結局はどちらかに傾いていくものだという考え方もあろう。

　それでこの大か小かでなく中を守り抜いていく調整システムが必要になる。

　つまり自由闊達な(注1)競争システムを進めながらも、政府が調整役に立って弱者を援助していける強い公的システムが求められている。

（関恒雄『未来を振り返る』による）

(注1) 闊達な：性格が明るくて何かにこだわらない様子

8 ①大きな政府のもとでは、どのような社会が実現されるか。

1 所得格差も少なく平等で社会不安も減るが、地方の独自性も弱くややもすると
競争心や努力向上心が弱くなりやすい社会

2 自由競争原理のもと努力を重ね高品質、高サービスの経済社会を生みやすい
が、所得格差が増大し社会不安が増してくる社会

3 国家財政や機構も大きく自由競争社会が実現され経済格差も大きくなる社会

4 地方の独自性や依存度が増すと同時に経済格差を少なくするため、さまざまな
規制をしていく社会

9 ②効用価値の少ないものとはどんなものだと考えられるか。

1 使ってみて効果がすぐ現れない製品

2 用途がはっきりしない製品

3 値段が高くてあまり人気のない製品

4 使う人の満足度が低い製品

10 この文章を通して筆者が言いたいことは何か。

1 全てのものには一長一短があり、完璧なものはないので自分がよいと思う方を
しっかり決めていく必要がある。

2 大きな政府にも小さな政府にもそれぞれ長短があるわけで、どちらか一方を選
ぶことは至難の業である。

3 大きな政府でもなく小さな政府でもない中間の政府が望ましい。その理由は経
済格差を生まないからである。

4 大きな政府の欠点をできるだけ抑えつつ小さな政府の長所を伸ばしていくよう
な政治経済システムが望ましい。

人生の目的とは何であろうか。太古の昔から問い続けられているテーマである。人は誰でも生まれたいと思って生まれた人はいない。気がついたらこの世の中に存在していた。存在している以上価値ある存在になろうと努力している。価値ある存在といっても自分では決めにくく、自分を取り巻く環境の願う存在になろうと意識し頑張る。そのため一生懸命勉強したり働いたりするのである。

　しかしながら①価値観の多様さゆえ、幾たびとなく迷路に立たされることになってしまう。仕方なく自分なりの価値基準を見つけて、それに合わせて生きようとしているが。

　死に直面した人に会ったり、その人の話を聞いたりする機会が時々ある。彼らの価値観は、物質中心ではなく、より本質的な精神世界の価値観である。すなわち心の世界に目を向けているのである。心すなわち家族や友人への愛、大きくは人類愛そして自然への愛などに帰結するだろう。

　病気であと余命がいくらも無いとなった時、人は家族との愛を深めたり、旅行をしたり、または古きよき友人を訪ねて行ったりするだろう。自然を愛する人は好きな山河を訪ね、そこに愛と感謝を表すだろう。

　②死を肯定するという言葉があるが、それを通して初めて我々は最も大切な人生の意味を気づかされるのである。日常生活の中で何気なく交わる人間や自然との出会いを大切にし、日々感謝と愛の心を育んで行きたいものである。

　結論として③(　　　　　　)こそ人生の目的であると言いたい。

11 ①価値観の多様さゆえ、幾たびとなく迷路に立たされるとあるが、筆者の考えに近いものはどれか。

1 自分の周囲の人々からの要求がそれぞれ異なり落ち込んでしまう。

2 生まれようと思って生まれたわけでもないため、自己の存在意義がわからず悩みに陥る。

3 太古から問われ続けているため、あまりの長さと歴史性ゆえに悩んでしまう。

4 価値ある生き方とは何かについての多くの考えがあるため悩み抜いた結果、混沌となってしまう。

12 ②死を肯定するとは、どういうことか。

1 普段は死ぬことを忘れて生きているが、それを現実のもの間近なものとして受け入れ今を大切に生きていくこと

2 病気であと余命がいくらもないと言われたら絶望的になってしまうということ

3 死に直面したりすると物質的価値観より精神的価値観を持ちやすいということ

4 死ぬという否定的考えを持たず、肯定的積極的な生き方をするということ

13 ③(   )に入る言葉として最も適当なものはどれか。

1 価値観の多様性の受容

2 本質的な精神世界の探求

3 死を明確に認識して生きていくこと

4 愛の完成すなわち愛の人格の完成

問題10 次の文章を読んで、後の問いに対する答えとして、最もよいものを１・２・３・４から一つ選びなさい。

　文字と記号の違いは何だろうか。勿論、文字というのは人間が話している言葉を字の形を借りて表わしているもので、表音文字と表意文字があると言えばそれまでかもしれない。ならば、記号というものの定義は何だろうか。仮にその定義を、「一定の事柄を指したり示したりするために用いるもので情報を含んでいるもの」とするならば、それには矢印ばかりか、当然ながら字も含まれ得る。私が興味をもっているのは他でもない。文字と記号のどっちが伝達力が速いかということである。例えば、エレベーターの「閉まる」と「→←」のうち、どっちが素早く伝わるかである。この二つの比較だけなら後者が速いかも知れない。しかし、実際には「開く」と「←→」も使われるから頭が痛い。「危ない」がいいのか、「☠」が速いのか結論は出せない。幼稚園児の場合、「☠」を見たらどういう反応を示すだろうか。気持ち悪い「絵」として受け止めているとしたら、①それこそ危ない。「危険」か「危ない」になっている場合、もし漢字が読めないとなるとそれも危ない。それを避けるためか、あまねく「危険」「危ない」と書き記すことが多いからまだいいのだが。

　先日、友達の引っ越し祝いに行ってきた。15年という決して短いとは言えない年月、夫婦共働き、そして両家の父母の援助で、やっと18坪のマンションを手に入れた幼友達の新築マンション購入祝い。だから万難を排して(注1)出向いて行ったのだが、エレベーターのところで思わぬアクシデントに出くわしてしまった。懐には少々のお祝い金を、左手には入居を祝う花束を。マンションに着いてエレベーターの方を見たら閉まりかかっているではないか。しばらく待ってもいいのだけど、一秒でも速く友達に会いたくて「待って！」と大声。勿論、足は足でダッシュ中。閉まりかかっているエレベーターの30センチぐらいの隙間(注2)の向こうのおばあさんが、「分かった」とばかりに右手を挙げているのが見えた。もう花束を持った左手を我知らず差し込んでいるところ。②当然、開くだろうと思いきや、ガンという音とともにエレベーターのドアは閉まってしまった。花束も挟まれ

てペチャンコになってしまった。あとは、ブーンという機械音だけ。あとで、下りて来たエレベーターに乗って分かったのだが、「開く」・③「Ａ」ではなく、あまり見たことのない「Ｂ」・「→←」という記号が書いてあった。確かにおばあさんの仕種（しぐさ）は、「止めてあげるよ」だったのに、閉まってしまったのだ、花束とともに。言語学を教えていながら、記号と言語の違いをこんなにも心の奥深くまで思い知らされたことはなかった。文字の役割と記号の役割は、似てもいるし重なってもいる。でも、緊急を要するような場合は、文字の方が伝達力が速いような気がした。だからといってそれが結論ではないが。

(注1) 万難（ばんなん）を排（はい）して：様々な障害を押（お）し退（の）けて
(注2) 隙間（すきま）：ものとものの間

14　①それこそ危ないとは、何が危ないのか。

1　絵としてではなく、危険を知らせる意味として受け止めなければならないから

2　文字としてではなく、危険を知らせる意味として受け止めなければならないから

3　記号としてではなく、危険を知らせる意味として受け止めなければならないから

4　漢字が読めないことを想定して読み方を付記しなければならないから

15　②当然開くだろうとあるが、筆者はどうしてそう思ったのか。

1　おばあさんが手を振ってくれたから

2　おばあさんが「分かった」と言ったから

3　おばあさんが「分かった」という仕種をしたから

4　もう花束を持った左手を我知らず差し込んだから

16 ③「A」ではなく、あまり見たことのない「B」の「A」、「B」に入るものとして最も
適当なのはどれか。

1　A：閉まる　　B：→←

2　A：閉まる　　B：←→

3　A：開く　　　B：→←

4　A：開く　　　B：←→

17 筆者は、文字と記号についてどう考えているか。

1　それぞれ特徴があるので上手に使い分けるべきだ。

2　危険を知らせる場合は、記号や絵より文字の方が伝達力が速い。

3　とっさの判断が要求される場合は、文字の方が伝達力が速いようだ。

4　機敏な判断が要求される場合は、読み方をつけるべきだ。

問題11　次のＡとＢのコラムを読んで、後の問いに対する答えとして最もよいものを１・２・
３・４から一つ選びなさい。

Ａ

　　今、女子大学生の間で整形手術が大流行である。整形手術といっても、昔はホ
クロをとったり二重まぶたをつくるのが主だったが、今は頭の天辺（てっぺん）から足の爪先（つまさき）
まで手術の対象にならないところがないくらい、広範囲になっている。手術の部
位が多様になった分、かかる費用も当然膨らむ。ある女子大生は、四角い顎（あご）を丸
くする手術を受けるため、親に黙ってアルバイトを三つもかけ持ちし無理が重なっ
て病気になり貴い命を失ってしまった。女性として、いや人間として美的追求心
をもつのは自由であり、誰にも妨害されるべきではない。しかし、貴い命を失う
くらい、アルバイトに走らないといけない彼女の考え方にまず問題があると言い
たい。また、実力よりも、中味よりも「見た目」や体形にこだわる最近の社会的風
潮にも責任の一端（いったん）があると言わざるを得ない。

B

　　ある女子大生の死の悲報に接し、女性の美への追求心がどれだけ強いかが今さらながら思い知らされた。美への探求心は何も女性に限った話ではなく、男性だって、いわゆる「ビジュアル」を気にする時代となったのである。イケメン男性、きれいな女性の内定率が高い、といういかがわしい話をまんざら無視もできない時代をわれわれは生きているのである。アメリカでは背の高さと収入は比例すると、誰かさんが発表したと言うじゃないか。死に至るまで体を無理に使った本人に一番責任があるのは言うまでもないが、アルバイトを三つもかけ持ち、一日平均三時間しか寝ていない生活に、家族も友達も無神経だったのは腑に落ちない(注1)。外見を重んじる社会の風潮にもメスを入れるべきだが、周りの人に無頓着な(注2)現代の人間群像にも責任の一部があると言わざるを得ない。

(注1) 腑に落ちない：納得できない
(注2) 無頓着な：無関心な

18　AとBのどちらのコラムにも触れられている内容はどれか。

1　死に至った最大の責任は本人にある。

2　今でも二重まぶたの手術が整形手術の主流を成している。

3　死に至った最大の責任は周りの人にある。

4　過度の美的追求心がいけない。

19 Bが指摘するわれわれの責任とは何か。

1 親に黙ってアルバイトをするのはよくないこと

2 周囲に気を配らない生き方

3 美的探求心をもつのは自由であること

4 きれいな女性ほど内定率が高いこと

20 AとBの内容を正しくまとめたのはどれか。

1 Aは整形手術費用の増大を指摘しているが、Bは睡眠不足を指摘している。

2 Aは親に黙っていたことを指摘しているが、Bは無理に体を使った本人に一部責任があると指摘している。

3 AもBもビジュアルを気にする現代社会の特徴に触れている。

4 AもBも周囲に無頓着な現代の人間群像に責任の一部があると言っている。

問題12　次の文章を読んで、後の問いに対する答えとして、最もよいものを１・２・３・４から一つ選びなさい。

地球の誕生は、およそ46億年前で、人類の出現は約６百〜７百万年前と推定される、と言われる。最初の人類「サヘラントロプス・チャデンシス」(注1)から、20万年程前、現われたとされる現生人類の祖先「ホモサピエンス」に至るまで、「人間」は体形や頭の形を少しずつ変えつつ①現在のような「人間」になったことがわかっている。気が遠くなるようなはるかなる太古の昔から現在に至るまで、「人間」は直立歩行、火の使用、狩猟、道具の使用、また宗教儀式、そして農耕や牧畜の痕跡を残している。

考古学者の発掘調査・研究によって人類の歩みが、玉ねぎの皮のように一枚一枚剥かれてきているものの、形のない音声言語に対する研究は、②そもそもの難しさゆえ進めにくいところが当然ある。それはともあれ、音声言語より文字言語のほうがずっとあとに現われたと推定するのは難しいことではない。北京原人(注2)は、70万年から20万年前に出現したと推定されるが、漢字の誕生は、紀元前３千余年の説があり、世界的な文字のアルファベットの起源だって、紀元前1,700年ごろと言われる。

人類の始まりを、仮に７百万年前だとし、文字が誕生したあたりから、「高度の文明」が始まったとするならば、人類の歩みの99%以上は「高度の文明」がなかったと言える。反対に、１％未満だけが「高度の文明」圏に入る。勿論、文字のなかったはずの旧石器時代だって立派な「文様」や「記号」があったではないかと言えなくもないが、それはあくまでも単純なシグナルであって「高度の文明」という観点で捉えるならば③それは外される。

18世紀末のイギリスの産業革命からは、およそ200年ぐらい経っている。700万年分の200年というのは、なおさら微々たる数字。インターネットの前と後を一つの大きな分岐点とするならば、そこから約二十余年が過ぎているが、ますます微細な数字である。

しかし、その目に見えるか見えないかのような点よりもかすかな時間が人間の生活を大きく変えてしまっている。パソコンを立ち上げ、指を何回か動かせば、地球の反対側の知人と簡単に連絡がとれるようになった今日、人類の歩みやその過程において生じた出来事やそこから得られる教訓を忘れて、人間の利便性だけを求めてまっしぐらに突き進んできた我々は、環境破壊という大きな難題にぶつかっている。

　進歩、発展を目指していくのは大いに歓迎すべきではあるが、経済性や人間の利便性ばかりを追い求めるあまり、我々の永遠なる住処（すみか）をおろそかにしてはいないか、みんなで考えなおす必要があると、過去を覗けば覗くほど、つくづく思い知らされるのである。(後略)

(注1) サヘラントロプス・チャデンシス(Sahelanthropus tchadensis)：約700万年前に生存したとされる最古の人類
(注2) 北京原人（ペキンげんじん）：北京で発見された70万～20万年前、生存した化石人類

21　この文章と関連して①現在のような「人間」になるまでの過程において関係が薄いのはどれか。

1　人間は二本の足で歩くことができた。

2　人間は動物を捕って餌にしてきた。

3　人間は祭りを執り行うことによって人間の発展を図った。

4　火や道具の使用、また農耕や牧畜はその跡が発見されている。

22 ②そもそもの難しさゆえ進めにくいところが当然あるとは結局どういうことか。

1 文字言語はずっと後、できたから

2 音声言語は文字言語より難しいから

3 文字言語は形があるから

4 音声言語は痕跡が残っていないから

23 ③それは何を指すか。

1 高度の文明

2 文様や文字

3 高レベルのシグナル

4 単純なシグナル

24 この文章で筆者が最も言いたいことは何か。

1 化石人類の研究を通して、「人間」の歩みを知り、未来のために環境保全にも努力
すべきだ。

2 地球開発もいいことだが、環境問題にも目を向けるべきだ。

3 生活を便利にするための技術開発だけではなく、過去の人間の教訓や環境問題
にも目を向けるべきだ。

4 急激な技術開発ばかりを追い求めるのではなく、地球を守るための関心も持つ
べきだ。

問題13　次はインドの支援団体が行う恒例の「インド文化の旅」の講座の詳細である。下の質問に対する答えとして、最もよいものを１・２・３・４から一つ選びなさい。

25　山田さんはインドのことについて興味を持っている大学３年生である。月・水・金は午前も午後も授業があるが、火曜は午後から、木曜は午前も午後も時間が取れる。土・日はアルバイトで一日中時間がない。受講料各１万円が限度。山田さんが聴くことができる講座はいくつか。

1　１つ

2　２つ

3　３つ

4　４つ

26　鈴木さんはインドの文化に興味を持っている。といっても宗教や政治には関心がない。木曜の午前と金曜日の午後以外は時間が取れる。受講料はいくらでもかまわない。鈴木さんが聴くことができる講座はいくつか。

1　１つ

2　２つ

3　３つ

4　４つ

インド文化の旅

講座名	主な講義内容	講義日と時間	受講料
インドの踊り	インド伝来の踊りの特徴や インド舞踊全般について学ぶ	土・日 10:00~12:00	9,500円 資料代込み
インドの歴史	悠久のインドの歴史ついて、先史時代・ 古代・中世・近代・現代に分けて概観する	火・木 10:00~12:00	9,000円 教材代1,000円 別途
インドヨガ	ヨガの王国、インドに学ぶ	月・水・金 14:00~16:00	12,000円
インドの 民俗音楽	多様なインドの民俗音楽と各地域ごとの 特徴について学ぶ	火 10:00~14:00 金 12:00~14:00	9,500円
インドの カースト制度	時代と共にだいぶ薄れてきたインドの身分 制度カースト制度についてその出現と移り 変わりそして今後の展望について勉強する	火 10:00~12:00 金 14:00~16:00	9,000円 教材代込み
インド人と 仏教	仏教はインドで誕生したにもかかわらず インドの信者はとても少なく、他のアジア の国で隆盛している。その謎にせまる	月・水・金 10:00~12:00	13,000円 画報＋教材代 別途
インドと イギリス	かつてイギリスの植民地だった インド植民地の始まりと独立までの 過程を覗く	月・水 10:00~12:00 金 13:00~15:00	12,000円 画報代込み
インドの 政治家、 ガンジーと 非暴力主義	非暴力のガンジーの思想を探求する	火 10:00~12:00 木 14:00~16:00	10,000円 教材代込み
インドの IT産業	めざましい発展をとげているインドの IT産業の現況と未来について探求する	火 14:00~16:00 木 13:00~15:00	10,000円 教材代込み
インドとパキ スタンの紛争	カシミール地域をめぐっての両国の争いの 発端・展開・未来について概観する	月・火 13:00~15:00	9,000円 教材代別途

JLPT 급소공략 **N1 독해**

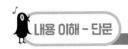

問題8 次の文章を読んで、後の問いに対する答えとして、最もよいものを１・２・３・４から一つ選びなさい。

　水泳の上手な人ほど溺れ_(注1)やすいと言う。運転も初心者より慣れてくると事故を起こしやすいと言われる。猿も木から落ちるという意味だろう。我々凡人は、人と較べちょっとでも上手いと、つい鼻にかける習性があるようだ。私も正直、自分に内在する性格の一つに、それがあると思う。

　無くそうと努力すればするほど、自然と出るらしい。謙虚に生きることの大事さを今一度深く考えて、より人間味あふれる生き方をしたいと常々思っている。

(注1) 溺れる: 水中で泳げないで沈む

1 　この文章で筆者が最も考えているのはどれか。

　1 運転には気をつけるべきだ。

　2 人と較べて上手でも自慢してはならない。

　3 自分の慢心を改めようとしている。

　4 控え目でなるべく慢心を持たないようにしたい。

　洋画を見ていて左手で字を書く人が映る場合がある。すると、「ほら、やはり西洋人には左利きが多いんじゃない」とか言う人がいる。両手でフォークとナイフを使う習慣上、左利きが現れやすいと、いささか根拠ありげに言うが、西洋人も日本人もその割合には大差はないというのが定説らしい。その証拠に、野球の左打者の比率を見てもそう違わない。どの人種も、大体１～２割の人が左利きと言われ、わずかながら、男性の方が女性より多いという統計もあるようだ。左手の使用を嫌う傾向がある東洋人は、自分の子供が左手を使うと、よくないことと植え付け、無理やり右手の使用を強制した結果、左利きが減ったという信憑性（しんぴょうせい）の高い話もある。

2　この文章の主な論旨は何か。

1　西洋人は、フォークとナイフを両手でもって使う生活習慣上、左利きがたくさん現れる。

2　野球選手の場合、右利きと左利きの割合の違いはあまりない。

3　右利きと左利きは人種による違いはあまりない。

4　右利きと左利きは性別による違いはあまりない。

私は子供の時分から、スポーツなら何でも好きだった。サッカーに野球にバスケットボールに、種類かまわず大好きだった。しかし、このごろ<u>スポーツぎらいになりつつある自分を発見する</u>。近年各種のスポーツ試合における過去の八百長(注1)疑惑が忘れかけたころ再び明るみに出るからだ。負けっぱなしだと辞めさせられるのがオチのスポーツ界。敵ではあっても昔仲間だったり、学校時代、先輩後輩の間柄だったり色々な関わりがあるはずだ。しかし、スポーツからフェアをとったら何が残ると言うんだ。願わくば文字通り疑惑で終わってほしい。それが本当だったら、もっての外。二度と試合を見にはいかないだろう。

(注1) 八百長：前もって勝ち負けを打ち合わせておいて真剣に戦っているように見せること

3　文中の<u>スポーツぎらいになりつつある自分を発見する</u>のはなぜか。

1　アンフェアな試合があるかもしれないという疑いがあるから

2　スポーツの命のフェア精神が薄れたから

3　選手たちの勝負への執着心が強すぎるから

4　最近、スポーツが何となく嫌いになったから

残暑　お見舞い申し上げます

　立秋間近とはいえまだまだ盛夏のような毎日が続きいささか閉口して(注1)おりますが、先生におかれましては如何がお過ごしでしょうか。

　先月、私用にて東京を訪れた際、お宅へ寄らせていただき、十数年ぶりの奥様の手料理のおもてなしと共に楽しいひとときを過ごすことができ、本当にありがとうございました。すっかり留学時代に戻ったような気が致しました。弱冠25歳の時、先生のご指導を賜ってから早二十余年が経ちましたが、今でも手取り足取り教えていただいた過去が記憶に新しいです。心から感謝申し上げます。ソウルに来られるようなご用事がありましたら是非お声をおかけください。この暑さまだ続く気配、くれぐれもご自愛下さいませ。

０年０月 権寧夫 再拝

(注1) 閉口する：困る

---

[4]　このハガキを書いた一番の目的は何か。

1　時節柄、恩師の健勝を祈る。

2　立春を迎えて恩師の健勝を祈る。

3　ご指導に与かったことを感謝している。

4　若き時代の想い出話をしたい。

問題9 次の文章を読んで、後の問いに対する答えとして、最もよいものを１・２・３・４から一つ選びなさい。

　歴史的に見て現代はＩＴ革命時代と言われる。確かにインターネットを中心とするコンピューター技術の発展は、目覚しいものがある。その情報量の多さと速さそしてそれを支える技術革新は、①情報革命とも言われる。それは地球村を実現させる上で大きな役割を果たすものと期待される。

　しかしながらその②副作用もある。どんなによく切れる包丁も使う人によって、すばらしい料理が作られるかと思いきや、それを使った殺人事件も起こる。

　同様にインターネットもよく利用すれば、時空を超えた世界的情報ネットワークを構築できる。しかし相次ぐハッカーによるネットワークの破壊と情報の盗み取り、また倫理的に禁止されている性の商品化によるエロ(注1)、グロ系(注2)と呼ばれるサイトの増加といった問題がある。特に青少年の健全な教育にさまざまな悪影響を与えている。

　その意味で情報革命を進めることは、重要であるが、同時に人間の意識、価値観を高めることも必要だ。すなわち精神革命も同時に必要な時代だということだ。宗教や哲学がその役割を果たすべきだと思う。それらが人間の精神文化を高める基礎となりうるよう期待する。

　物質文明のみでは、真の幸福に限界が見られる中、精神文明の高揚により真なる意味の地球村の実現が渇望される。

　そうしてこそ初めて、情報革命が人類の幸福に偉大な貢献を果たしうるであろう。

（関恒雄『IT革命と真なる幸福』による）

(注1) エロ：「エロチック」が縮まった言葉
(注2) グロ系：「グロ」は「グロテスク」が短くなった言葉。「系」は「系統」の意味

5 ①情報革命に対する筆者の考えに近いものはどれか。

1 情報革命の発展は歴史的な内容として期待される。

2 インターネットを中心とする情報革命はあまりに変化が激しく付いていけないところがある。

3 情報革命により情報量が溢れ過ぎ、その収集だけでも多くの時間を要する。

4 情報革命は用いる人の動機によって功罪両面があり、よく判断しなければならない。

6 ②副作用もあるとあるが、どういうことか。

1 インターネット情報には不正確なところがあり、世界的ネットワークの構築には限界があるということ

2 インターネットの普及により青少年が熱心に勉強しなくなり教育上問題となっていること

3 インターネットの普及により社会的人間関係が脆弱になり自己中心的人間が増えていること

4 インターネットの普及によりネットワークの混乱を来したり金儲けのために悪用されたりする危険性があること。

7 この文章を通して筆者が最も主張したいことに近いものはどれか。

1 ＩＴ革命と呼ばれているが、実は商業主義に利用されておりマイナス的側面が多い。

2 青少年の健全な育成のためには、インターネットなどのＩＴ教育より宗教、哲学、道徳といった教育時間を増やすべきだ。

3 ＩＴ革命を成功裏に成し遂げるためにも人間の倫理観価値観を高めていかなければならない。

4 ＩＴ革命を進めるとともに歴史認識をもつことによりその価値を高めるべきだ。

①リーダーの条件あるいは資質について書かれた本そして歴史物がよく売れるそうである。確かに本屋へ行くとこれらの本がずらりと並んでいる。

　今日、国や企業そして家庭といった様々なレベルで真なるリーダーが求められている。それゆえ真なるリーダーとはどんな人かと模索している。その現われとして人々は歴史に関心を持ち、歴史上の優れたリーダーから学ぼうとしているのだろう。

　特に人気があるのが戦国時代の武将たちだ。またそれに匹敵するのが幕末から明治初期にかけての時代の転換期に生きたリーダーたちである。

　NHKの大河ドラマといえば、そのほとんどが戦国時代か幕末期のものといっても過言ではない。共通しているテーマが、歴史の転換期、激動期にあって見事に新しい歴史を切り開いていったリーダーたちである。

　21世紀の開幕から、結構な年月が流れているが、我々を取り巻く環境はまだまだ混沌の中にあり、歴史的な転換期の延長線上にあると言える。だからこそ、真なるリーダーを求める声はなお続いているのである。

　歴史的に尊敬されるリーダーたちには共通したところがある。自分を犠牲にしてもより大きな目的のために命をも捧げていく姿である。と同時に人間愛にもあふれていた。②これらの徳目は現代にも共通して求められるものである。

　物事を歴史的に見つめ、より公的な目的のために自分のすべてを捧げて生きることのできる人間をどうやって生み出していくか、現代の大きなテーマである。

8 ①リーダーの条件あるいは資質について書かれた本そして歴史物がよく売れるそうであるとあるが、その理由に最も近いものはどれか。

1 書店に人々が求めているリーダー論や歴史物の本が勢揃いしているため

2 国や社会でリーダーが不祥事ばかり起こし、真のリーダーを渇望しているため

3 戦国時代の武将達は人生もドラマチックで姿もかっこいいため

4 歴史の大きな変わり目やその延長線上にあって、あるべき指導者像とその役割を探すため

9 ②これらの徳目とあるが、何のことか。

1 物事を歴史的に見つめられるように歴史に興味を持つこと

2 他人への愛情を持ち、大義のために自分の命も顧みないこと

3 歴史の転換期は多くの人々が戸惑い迷う時期であることを知っていること

4 武士道に則り武道に励むこと

10 この文章で筆者が最も言いたいことは、どういうことか。

1 歴史上の尊敬された人物像を選んでその共通点を探究する時代である。

2 歴史認識を持ち、より大きな目的と使命のために生きられる人物の育成が重要である。

3 21世紀の開幕から、結構な年月が流れているが、我々を取り巻く環境はまだまだ混沌の中にある。

4 テレビの視聴率が最も高い歴史ドラマを研究し、その人気の秘密を探るべきである。

生涯教育が叫ばれてから久しい。最近の大学では入学率も高くなっているが、①中退率も高いというから理解が出来ない。ただ自分が勉強したくて主体的に入学するというより、学歴社会ゆえ、または友達も行くからといった他律的な動機が多いように思われる。いざ入学しても興味を感じることもなく、友達もいないといったことでやめるという。

　人は社会に出るとさまざまな場面や自己の限界にぶつかり、それを克服するため、いろいろな人の教えを受けたくなる。学校に再度入学することができないゆえ、本屋に行って本を通して問題を解決しようと思っているのだろう。長い海外生活を終えて十何年ぶりに日本に帰ってみると、日本人の読書熱は相変わらず熱い。電車の中などでは多くの人が本を読んでいる。もちろんストレス解消的なマンガ本もあろうが、文学や専門的な本を手に取っている人も多い。

　②そんな現実を見るに付け改めて生涯教育の重要性を再認識させられるのである。人がいつでも学びたい時に学べる制度やシステムがあれば、大きな意味を持つ。

　そのためにできたのが、放送大学であろうが、今一つ人が集まらないのはなぜだろうか。せっかく、教育機関を作っても利用者がいないと意味がない。勿論、放送大学で学ぶのと、実際の大学で学ぶのとでは、量といい、質といい、放送大学の方が劣る、と思い勝ちである。

　しかし、今日インターネットの普及により、自分の家にいながらにして、あらゆることを実際的に勉強できる時代になった。料理の匂いは無理かもしれないが、目の前で実際作っているような、錯覚も可能な時代となったのである。放送大学の未来は、コンピューターの登場によって更なる飛躍が可能になったと言えよう。(後略)

11　①中退率も高い理由として筆者の考えに近いものはどれか。

1 学歴社会であり友達も皆大学へ行くため、負けたくないので

2 他律的な動機が多い上、学問に対する興味もあまりないので

3 自律的な動機が少なくない上、学問に対する興味もあまりないので

4 大学に入る時は熱心にやろうと思うが、いざ入学すると遊んだり中退する人が
多いので

12　②そんな現実とはどういうことか。

1 日本人の読書熱の高さは世界の人々から評価されていること

2 電車の中で多くの人々はストレス解消のために漫画や週刊誌などを読んでいる
ということ

3 人間は自己の限界に遭遇した時、それを克服しようと必死の努力をすること

4 社会で様々な問題にぶつかると人々は書店にある色々な本を読むことで解決策
を見つけようとすること

13　この文章で筆者が最も言いたいことは何か。

1 昔から放送大学でも十分勉強ができたはずだ。

2 新文明の普及によって、間接的な勉強もだいぶ可能になった。

3 生涯教育の重要性を知り、放送大学でも生涯教育の講座を開いた方が良さそうだ。

4 料理学科は無理かもしれないが、普通の学科なら放送大学でも十分実力を養える。

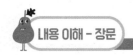

問題10 次の文章を読んで、後の問いに対する答えとして、最もよいものを１・２・３・４から一つ選びなさい。

　　プロ野球の選手の一年間の収入は、人によって千差万別であるが、少なくともレギュラーメンバーの収入は、一般のサラリーマンよりははるかに多いはずだ。昔日本では士農工商(注1)という社会的価値基準があった。無論、技術や商売自体を軽視したというわけではないが、①できることならより上流で楽な階級になりたいという、目標に向けられる情熱が強かったことは否めない。

　　近代、現代を経ながらこういった情熱はかなり薄れてきたのだけれども、完全に無くなったとは言い難い部分がある。今でも語尾に「士」の付く職業、つまり税理士・弁護士・行政書士といった職業に憧れる人が少なくないからだ。

　　しかし、②伝来のそういった観念は段々薄れてきており、近ごろは、タレント・俳優・歌手をはじめ、漫画家などになりたいと思う子供も少なくない。サッカーや野球の選手になりたいと思う青少年も少なくない。セリーグ(注2)かパリーグ(注3)またはプロのサッカー選手になれれば、お金と名誉が同時に入る、と夢見る者も少なくないだろう。

　　日本全国の高校の数は約5,000校。うち、野球部を持っているのは約4,000校と言われる。その数の多さに圧倒されそうだ。しかし運動をするとどうしても勉強はおろそかになりがちな訳で、運動で成功できなかったらどうするのか、考えなくてはならない問題であろう。③普通の人が大学を出て、中堅以上の会社に入る確率よりも、はるかに低いプロの運動選手になるためには、腕をみがくための相当な時間と努力が要る。運動に励む分、勉強に回す時間もどんどん無くなる。

　　多種多様の知識が氾濫するこの社会を幸せに生きるためには、ある分野への専門性とともに、幅広い見識も必要であろう。数学も物理も歴史も勉強せねばならない。外国語などは言うまでもない。運動だけやっていて未来が保証されるならそれにこしたことはないが、現実は厳しい。だからこそ、最小限度の学力もつけていかないといけないと思うのである。

　　昔風に言うと、文武両道を実践する選手がたくさん現れてほしいと思うのであ

る。それは、運動でうまくいかなった場合に備えてではなく、現役を終えたあと
は、のちのち指導者としてもずっと活躍してもらいたいからである。熱き心を燃
やしている若き選手たちに幸あれ!

(注1) 士農工商：封建時代の階級制度

(注2) セリーグ：日本のプロ野球リーグ名の一つ。セントラルリーグの略

(注3) パリーグ：日本のプロ野球リーグ名の一つ。パシフィックリーグの略

14　①できることならより上流で楽な階級になりたいという、目標に向けられる情熱が
強かったとあるが、それはどうしてなのか。

1　当時、商売は軽んじられていたから

2　当時、農業は重んじられていたから

3　士農工商のような社会的価値基準に対する観念が強かったから

4　ものをつくる仕事に就くと軽くみられたから

15　②伝来のそういった観念は段々薄れてきており近ごろは、タレント・俳優・歌手を
はじめ、漫画家などになりたいと思う子供も少なくないとあるが、それはどうして
なのか。

1　士農工商という観念は陳腐なものだから

2　伝来の観念を持ったままだと、現代生活についていけないから

3　伝来の価値観に疑問を抱く子供が多くなったから

4　名誉と金銭的余裕を確保する方法が多様になったから

16 ③普通の人が大学を出て、中堅以上の会社に入る確率よりも、はるかに低いプロの
運動選手とあるがそれはどうしてなのか。

1 給料面でプロのレギュラー選手の方がずっと高いから

2 運動選手を目指す予備軍の数が多すぎるから

3 プロ野球チームが少なすぎるから

4 伝来の価値観はもう時代に合わないものになりつつあるから

17 この文章を通して、筆者が最も言おうとしていることは何か。

1 運動選手なら運動だけにかけるべきだ。

2 運動なら運動、勉強なら勉強と、とにかく一つにしぼって励むべきだ。

3 確率が低くても幅広い分野で励むべきだ。

4 確率も確率だが、長い目で見て自らを幅広くみがくべきだ。

問題11　次のＡとＢの意見文を読んで、後の問いに対する答えとして最もよいものを１・２・
　　　　３・４から一つ選びなさい。

Ａ

　血液型で性格を判断するのが好きな人がいる。Ａ型はああでＢ型はこうだ。ＡＢ型はああでＯ型はこうだというふうに、ほぼ宗教の教えのように、受け止めている。また、手相を見て運命を占う人も少なくない。また星座で性格を鑑別する人もいる。私などは、これらは遊びとして扱うなら納得できるが、それ以上の意味を持つものとして扱うことには反対である。Ａ型は、神経が細やかで勤勉で持続性があるとよく言われるが、自分自身には、何一つ当てはまらない。おおらかな方で細かいことにこだわらない派。勤勉な方でもなく、持続性もない。勿論、家族や友人など、周りの人で当てはまる確率の高い人もいるにはいるが、それこそＡ型はこうだという先入観によって作り出された幻想だとみている。ああだこうだと決めつけるのは困る。

B

人間の体の中を流れる血液は、稀なものまで計算に入れると、何十種類もある
そうだ。しかし、一般的には、A・B・AB・O型の４種類とそれらがRh+型、
Rh-型に分けられ８種類と数える。型というのは同じ性質を持ったもの同士を一
つの枠内に収めたという意味なのだから、当然似通うところがあるはずだ。例え
ば理想追求型で精神性が強く、メルヘンチックな(注1)趣味を持っているが、飽きっ
ぽい、と言われるAB型の特徴に自分はちゃんと当てはまる。マイペース型で楽
天的、気取らない、実用主義者はB型の特徴。家内なんかはステレオタイプ。私
の周りの連中は、ほとんど自分の「型」にはまった充実ぶりを見せている。勿論、
探せば多少型からはみ出す例外的存在もいないとは言えないが、大概典型的で型
どおりである。長年の人間探求と統計学の支援によって形作られた血液型性格鑑
別法は、それなりの信憑性がある。

(注1) メルヘンチックな：童話の世界のような

18　AとBのどちらの意見文にも触れられている内容はどれか。

1　手相

2　ステレオタイプ

3　星座

4　先入観鑑別法

19 Aの筆者の血液型と性格を正しく表わしているのはどれか。

1 A型で神経が細やかで持続性がある。

2 A型でおおらかだが、持続性がない。

3 Rh-A型で楽天的で気取らない。

4 AB型で理想追求型で精神性が強い。

20 血液型による性格鑑別法について、Aの内容とBの内容として正しいものはどれか。

1 AもBも、よく当てはまる人が多いと言っている。

2 AもBも、あまり当てはまらないと言っている。

3 Aは否定的な立場だが、Bは積極的に認めている。

4 Aは例外が少ないと言っているが、Bは多いと言っている。

問題12 次の文章を読んで、後の問いに対する答えとして、最もよいものを 1・2・3・4 から一つ選びなさい。

　小学校時代、ポケットベルという「文明の利器」が出た時、①<u>不思議でならなかった</u>ことを覚えている。移動中の人に電話で信号を送り、連絡を取る仕組みの器機だった。市販されはじめたころは、けっこう値の張るもので、だれにでも買えるものではなかったが、技術の進歩のおかげか、競争の結果か、だんだん安くなってきて高校生のころには自分も購入して使っていた。

　「信号を送る」というのは、文字ではないということ。数字を送るわけだが、これが意外と賢くて、簡単な内容ならけっこう伝えることができたのである。今の携帯電話のように自由な通話はもちろん不可能だが、思った以上に用が足りたのである。

　「ポケットベル」は日本での通名で、英語では「Pager(ページャ)」あるいは「Wireless call(ワイヤレス コール：無線呼び出し)」と言っていた。のちに「ポケベル」と名前が縮まる。ポケベルは、最初はベルを鳴らしてこちらの電話番号を表示するのみの機能だったが、だんだん進化していっていくつかの数字を送れるようになった。つまり、発信番号と数字の送信によって、「早くこちらに連絡してくれ」から「何々をしてくれ」に発展したわけである。

　例えば、「084」は「おはよう」で、「0833」は「おやすみ」。「105216」は、「10」が「と→ど」、「5」が「ご→こ」、「2」が「に」、「1」が「い」、「6」が「ろ→る」なので、(A)になる。「106410」は、「TELして」の意味。「10」が英語の「TEN」。最後の一文字をとって「(B)」、「6」が「ろ→る→L」、「4」が「し」、もう一回出て来た「10」は「てん」と読まずに「ん」をとって(C)と読む、という具合である。

　②<u>かわいいと言うか、かわいそうと言うか</u>。不十分でありながら、不完全でありながら最大限知恵を絞り出して、最小限度の意思をどうにか伝えることができたのである。かろうじて意思を伝えた分、願いどおり、望みどおりに事が動いてもくれた。

　　100%読み書きができる同じ日本人との会話よりも、片言のたどたどしい外国人の発する会話がずっとおもしろいように、ぎりぎりすれすれで、切れそうで繋がる心と心の触れ合いがそこにはあったのである。「かわいい」と「かわいそう」は、意味は全然違うのに発音が似ている。日本語を習う外国人がよく間違えるというこの二つの語彙が連続して使われる場面は、そうないはずだ。(中略)

　　いつでもどこでも何の話でも、何時間でも話し合えるようになった携帯電話期を越え、テレビもコンピュータも新聞も掌握(？)できるようになったスマホ(注1)時代を我々は生きている。文明の利器の発達はありがたいが、使い勝手のよさが増した分、われわれの義理・人情・情愛・信頼も増しているだろうか。話しやすくなった分、忘れやすくなってはいないか、何か考えさせられる今日このごろである。

(注1) スマホ：スマートフォンの略称

21　①不思議でならなかったとあるが、どうしてなのか。

1　値段がとても高かったから

2　けっこう役に立ったから

3　高校生になって安くなったから

4　移動中の人に連絡がとれたから

22　(A)と(B)と(C)に入るものとして最も適当なのはどれか。

1　A：どこにいる　　　B：て　　　C：て

2　A：どこにいる　　　B：TE　　C：て

3　A：どこにいる　　　B：TE　　C：TE

4　A：どこにいるの　　B：て　　　C：TE

23 ②かわいいと言うか、かわいそうと言うか、とあるが、どうして筆者はこういう言い方をしているのか。

1 小さい器機ゆえ、使い方は多彩ではなかったが、なんとか知恵を出してがんばって使っていたから

2 小さい器機ゆえ、知恵を出してがんばって使っても限界があったから

3 小さい器機なのに、値段が高い上、使い方が限られていたから

4 小さい器機なのに、がんばって使っていたから

24 この文章で、一番重きが置かれているのはどれか。

1 技術革新が成されたのはいいことだが、マナーや信義などをよく守っているか、省みたい。

2 ポケットベルから携帯電話を経てスマートフォンに至るまで、短期間で技術革新が成されたのはすばらしいとしか言いようがない。

3 ポケットベルから携帯電話を経てスマートフォンに至って、よりいっそうその使い方が増えた。

4 技術革新が成されるのはいいことだが、そのスピードが速すぎてついていけない。

問題13　次は日本の外国人留学生協会が行う「外国人弁論大会」の募集要項である。下の質問に対する答えとして、最もよいものを１・２・３・４から１つ選びなさい。

25　次のうち、応募できる人はだれか。

1　Aさんは、日本で１年間、語学研修を受けたあとＳ大学に入学が決まり、３年生の１学期まで通ったあと、本国に１年間帰って、今年の７月に日本に戻った。今年の12月、二十歳を迎える。

2　Bさんは日本で生まれ、７歳まで住んでおり、去年からまた日本に来て、満２年経っている。

3　Cさんは、語学研修を受けず、韓国から直接日本の大学に入学ができたが、２年生の１学期まで終えて軍隊入隊のため、本国に２年半戻り、去年の12月に再び来日した。

4　Dさんは、日本の小学校に３年間通った経験があり、今某大学に３年目在学中である。

26　Fさんは、日本に２年半滞在してから本国に帰って、約２年半前、再び来日して住んでいる。日本滞在期間は合わせて４年と11ヶ月である。Fさんの状況として正しいものはどれか。

1　ぎりぎり５年間日本に住んだことになるので、応募できるかどうか協会まで問い合わせなければならない。

2　全体として５年間を過ぎていないので、そのまま応募してもかまわない。

3　応募願書を出す時に、出入国証明書を添えなければならない。

4　応募資格がないので応募できない。

応募資格

1. 参加希望者は必ず外国人であること。

2. 参加希望者は、留学生のみならず社会人でもかまわないが、二十歳以上であること。

3. 日本生まれの外国人の応募は原則として不可である。但し、連続して3年以上滞在していない者は参加が可能である。例えば1年間住んで本国に帰って1年以上経ってから再び来日して3年経過していないなどの場合は応募の資格有り。

4. 連続して3年間を日本に住んでいない場合でも、全体として日本滞在が5年を過ぎた者は、応募の資格はない。

応募方法

1. 参加希望者は、下記のEメールまで約7分ぐらいのスピーチの原稿を送り、事前審査(一次審査)を受けてください。

2. 事前審査の締め切りは8月7日までとなっています。

3. 内容は日本と本国との比較などユニークな視点のものが望まれる。

4. 一次審査の通知には万全を期しているが、思わぬモレがあってはいけないので、必ず当協会のホームページで確かめてください。

5. スピーチの原稿が一次審査を通った者に限り、8月15日までに原稿を録音したテープまたはCD、もしくは音声添付ファイルを当協会まで送ること。

6. 応募にあたっての質問等は下記までご連絡ください。なお、一次審査を通った者は出入国証明書を提出してください。

7. その他質問がある方も下記までお問い合わせください。

Tel：XXX－4321－6767
Fax：XXX－4321－6768
Eメール：abcdefg@hijk.co.jp

問題8　次の文章を読んで、後の問いに対する答えとして、最もよいものを 1 ・ 2 ・ 3 ・ 4 から一つ選びなさい。

肥満が認知症_(注1)の原因の一つになりうるという医学界の発表があった。特に女性の場合、その傾向がより顕著だそうだ。男性肥満者の場合は、全体的には女性に比べ約15%ぐらい低い発生率を示しているという。また、年齢が上がるにつれて男女の発生率に開きがあるが、80歳を超えると、その開きはほとんど無くなって85歳くらいに達すると、男女の開きは全く無くなる。いずれにせよ、肥満は、万病の元であり、人類の共同の敵。若いうちから、体重管理をすることが大事であるのは言うまでもないだろう。

(注1) 認知症：すでに獲得した知的、精神的能力を喪失し、正常な生活がしにくい状態

1　この文章の内容と合っているものはどれか。

　　1　肥満によって認知症になる人は、男性が多い。

　　2　肥満によって認知症になる人は、女性が少ない。

　　3　肥満による認知症の発生率は、80歳に達すると男女の開きは少ない。

　　4　肥満による認知症の発生率は、85歳になっても女性の方がやや高い。

　自転車とは「自ら転がる車」と書きます。同じように、自動車も「自ら動く車」と書きますね。言葉通り、正しくひとりでに動くものなのでしょうか。

　自転車も自動車も洋語の和訳なのです。西洋からそれらが日本に入り込んできたときに、呼び名がないとおかしいので誰かが付けたのでしょう。名前はどうであれ、足で漕いではじめて動くわけだし、キーを差し込んで回してはじめてエンジンがブルルンというわけですから、何も自動的に転がったり動いたりするものではありません。どうして「自」をつけたのか分かりませんが、いくら「自」がついていても最小限度のきっかけ、つまり人間の働きかけは必要だということでしょうね。(中略)

2　結局筆者が言いたいことは何か。

1　働きかけより大事なものはない。

2　最小限度の努力なしで何かを得るのは難しい。

3　自動車も自転車も人間が動かすものだ。

4　自動車も自転車も西洋から入ったものである。

「逆説的な言い方であるが、太りたくなければ食べなさい」と言う医者がいる。彼によると、食事を抜いたり、不規則な取り方をすると、体の自己防衛本能が働き、かえって太りやすくなると言う。食べたり食べなかったりだと栄養バランスも崩れ、逆にお腹が出ることもあるそうである。健康的に痩せるコツは、やはり規則正しい生活と栄養バランス、そして適度な運動にこしたことはないと言う。食事さえ取らなければ痩せられると思うのはよろしからぬことなので止めてもらいたいと言っている。

3 文中の逆説的な言い方とは何を指しているか。

1 健康的に痩せるには、栄養バランスを考えたレシピが必要である。

2 健康的に痩せるには、ちゃんと働くことが大事である。

3 健康的に痩せるには、規則正しい生活は欠かせない。

4 健康的に痩せるには、食べなさ過ぎてもよくない。

　　人間の知力(注1)のピークは何歳ぐらいだろうか。40歳前後と言う人もいるらしいが、僕はそう思わない。確かに40というと、人生の経験もいろいろ積んでいるし働き盛りなので知力がぐんと上がってくる時期ではあるが、でも「早い」。50歳がピーク？　それも早い。人間の喜怒哀楽全てを50にしてその大方を知ることはできない。60歳がピーク？「曽孫もだっこしないで何が分かる！」と70代の人は言う。確かに人間は加齢(注2)によって身体は弱くなっていく。しかし、知力というものは経験の数が多いほど、高いと僕は見ている。記憶力が落ちて知力が損なわれない限り、それは確かだと思う。

(注1) 知力：知恵の力。知恵の働き
(注2) 加齢：歳を取ること。壮年期以降を指すことが多い

4　この文章で筆者が言いたいことは何か。

1　知力は加齢によって高まる。

2　知力は経験と年齢によって高まる。

3　孫のいる70代の方が孫のいない60代より知力が低い。

4　孫のいない70代の方が孫のいる60代より知力が高い。

問題9 次の文章を読んで、後の問いに対する答えとして、最もよいものを１・２・３・４から一つ選びなさい。

　新型インフルエンザが世界的に猛威を振るったことがある。当時、WHOは最も高いランクにして世界に向かって注意、予防を喚起し、大騒動となったのである。 新型インフルエンザにより、老人は勿論、子供や若い人に急性肺炎による死亡者まで現れ、①我々を緊張させていた。

　既存の抗生物質では効果がなくタミフルなど、新しい薬を用いなければならない。予防接種が必要であるが、その絶対量が不足していた。製薬会社が必死になって製造していたが、間に合わない状態だった。新型インフルエンザは、ある周期を経てまた発生する可能性があるというから、緊張を緩めてはならない。

　新しいウイルスにより人類存亡の危機が訪れるといった映画も作られている。映画のようなことが実際に起こらないようにするには何が必要だろうか。いくつか考えられる。

　まずは普段から健康管理に注意することだろう。うがい、手洗いの励行(注1)は勿論、バランスの取れた食事、適度な運動、ストレス解消といったことが大切だ。人間の持つ免疫力を高めれば病気はおのずから遠ざかっていくといわれる。その免疫力を高めるには上述した注意事項がキーポイントとなってくる。

　第２には医療機関および製薬会社の充実が必要だ。急性肺炎にかかっても、それに対応できる医療体制が整っていればまだ救われるが、さもないと、正に大問題である。医師、医療設備の充実は勿論欠かせない。

　第３には政府、地方自治体による医療制度の完備および支援が必要となるだろう。こうした新種の病気が大きな②人災とならないように周到な準備が求められる。

(注1) 励行：決めたこと、決められたことをその通りに実行すること

5　①<u>我々を緊張させていた</u>理由として、関連性が一番弱いのはどれか。

1　予防接種が必要であるが、新薬の絶対量が不足して受けられない人もいたため

2　今までの抗生物質が使えず、しかも子供、若年層そして老人まで死亡者が出たため

3　ある周期を経て再度発生する可能性があるため

4　製薬会社が必死になって新薬を製造していたため

6　②<u>人災とならないように</u>とあるが、筆者はどうするべきだと言っているか。

1　政府と各自治体は、うがい、手洗いを励行するべきだ。

2　一人一人健康管理に注意するとともに、各自タミフルなど新薬を購入しておかなければならない。

3　各自健康管理に注意するとともに、政府と各自治体は予防薬を確保するべきだ。

4　人間の免疫力を高めるための努力を個人も自治体も惜しんではならない。

7　この文章を通して筆者が一番主張したいことは何か。

1　今まであまり経験していない病気に備えて、できる限りの努力によって万全を期するべきだ。

2　人類存亡にかかわるような病気を完全に無くすべきだ。

3　免疫力を高めるための努力を欠かせてはならな。

4　普段からの健康管理が大事で、手洗い・うがい・栄養バランスの取れた食事の重要性を忘れてはなるまい。

ワシントン条約の締結国会議で大西洋クロマグロの国際商取引禁止問題が論議された。モナコが大西洋のクロマグロが絶滅種になる可能性があるため、国際商取引を禁止することを提案したことによる。そこでの漁獲量の80％を輸入している日本としては、大きな打撃を受けることになると心配し農林水産大臣まで現地入りした。

　　①幸か不幸かモナコの提案は否決されて、続けて大西洋でのクロマグロ漁獲と国際商取引が可能となった。

　　しかしながら本質的には安心できる立場ではない。人間の利己的判断や行為により、またはずさんな管理により多くの動植物がすでに絶滅している現実を考えるとモナコの心配も十分理解できるからである。75億を超える人間がこの地球上に住んでいるが、今後も続くであろう人口増加にどう対処すべきか。同時にこれ以上地球上から絶滅品種を出さないためにはどうすればよいか。②難問である。

　　今回取り上げられたクロマグロなど食料となる魚においては、大きな解決策の一つとして養殖産業の活性化があげられる。卵の段階から取り組み孵化(注1)された稚魚を育て大きくしていく養殖が、クロマグロにおいても可能になっている。

　　そのため日本は、漁獲量の多さおよび消費王国として率先してこの養殖産業の活性化に取り組み、国際的にも資金や技術援助をして進めていく責任があろう。

(注1) 孵化：卵がかえって子になること

8 ①幸か不幸かとはどういうことか。

1 国際会議で大西洋クロマグロの国際商取引が禁止されそうになったが、それは避けられたこと

2 大西洋クロマグロの漁獲量の80%は日本が輸入してきたが、今後輸入量が減らされることになること

3 今まではクロマグロを好きなだけ自由に漁獲できたが、これからは大西洋での漁獲は難しくなること

4 継続して大西洋でクロマグロ漁獲ができることは、良かったかもしれないが、それが絶滅品種になる可能性もあるということ

9 ②難問であるとあるが、これは何を指しているのか。

1 クロマグロの養殖のために卵の段階から稚魚を孵化させて育てれば良いのだが、稚魚の孵化が非常に難しいということ

2 世界の人口増加のためにその食料として多くの漁獲がますます要求されるが、あまり獲りすぎると絶滅品種が出るということ

3 開発途上国においては漁獲するしか技術がなく、世界的レベルでの養殖事業は非常に困難であるということ

4 クロマグロの消費が世界的に伸びており、漁獲を減らしたり時間のかかる養殖では間に合わないということ

10 この文章での筆者の主張に最も近いものはどれか。

1 日本はクロマグロの消費、漁獲において国際的に著しく多いので、養殖事業の拡大のため資金や技術援助を惜しむべきではない。

2 クロマグロも絶滅品種になる可能性があるため、日本は国際的条約を良く守っていかなければならない。

3 人間は利己的であるため、多くの動植物が乱獲され絶滅に瀕している。人間の利己心をなくすべく人間性教育に勤しむ必要がある。

4 クロマグロの卵から稚魚へと孵化させていく技術革新が最も重要であり、その研究にもっと拍車をかけるべきである。

　医学の進歩・発展そして十分な栄養の摂取により、平均寿命が驚くほど伸びている。男女共に80歳をとっくに超え、女性の場合は、あともう少しで90歳をも突破しそうな勢いである。東洋では、古い昔、70歳まで生きるのはなかなか難しい、稀(まれ)だとされ、「古稀(こき)」という言葉まで生まれている。

　一般の会社や官公庁などは、大概①「定年」という制度があり、これは一定の年齢に達すれば、仕事から退く・会社を後にする、という内容のものである。でも、この「定年」というのが合理的な研究の末、生まれた制度なのかどうかは疑問が残る。一定の年齢に達してもまだまだ働ける人がいる反面、定年まで何年も残っているのに、病弱で、力が発揮できないケースもあるからである。年齢で何かを決める・定めるのは問題があると言いたいわけである。

　少なくとも日本は、運転免許取得に年齢制限はない。これは60歳でも70歳でも受けられるという上限の意味。下限は別ということである。②国によって多少の違いがあり、早い国で14歳、普通17〜8歳が多いようである。日本は18歳以上であれば、試験を受けられる。年齢で何かを決めるのは問題があると言いつつも、「小学生が運転免許試験を受けてもいい」と言い切れるだろうか。投票権も、これまた国によって少しの開きはあるが、普通に考えて高卒ぐらいか、それに近い年齢に達して初めて与えられるのが世の常と言えば言えなくもない。

　長寿社会を迎えて久しい。老人運転者が起こす事故が年々増えているらしい。体力的にも、経済的にも昔に比べ遥かによくなった今日(こんにち)、老人の運転が増えても何らおかしくない。ただ、問題は事故の増加とその規模である。年齢制限を設けるか、身体検査ならぬ体力測定をするかしないと、いずれ大きな社会問題化しそうでならない。

11　この文章で言っている①「定年」と距離が遠いのはどれか。

1 一定の年齢に達すれば現役から離れる。

2 定年に該当しても体力さえあれば会社を後にしなくてもいい。

3 各自体力・仕事への推進力など、違うのに数字だけで進退を決めるのは問題がある。

4 合理的な苦悩の産物とは言いがたい。

12　②国によって多少の違いがあり、早い国で14歳、普通17～8歳が多いようであるとあるが、正しい内容はどれか。

1 国によって成人と見なされる年齢はほとんど同じである。

2 運転免許試験を受けるには、一定の年齢に達しなければならない。

3 運転免許取得に上限の年齢制限があるが、それは国によって若干違う。

4 日本では運転免許取得に必要な下限の年齢制限があり、それは16歳である。

13　この文章を通して筆者が一番主張したいことは何か。

1 数字(年齢)で行動を制約するのは問題である。

2 運転免許取得の下限の制限年齢を撤廃すべきだ。

3 長寿社会を迎え、老人の起こす事故が増えて困っている。

4 老人による交通事故の深刻さとそれに備えての試みが急がれる。

問題10　次の文章を読んで、後の問いに対する答えとして、最もよいものを１・２・３・４から一つ選びなさい。

　　人間がほかの動物と大きく違うのは、まず身体的には直立歩行による手の自由な使用が挙げられる。特に細い指を巧みに使い道具をほぼ自由自在に使えるところはほかの動物にはなかなか真似(まね)できない人間ならではの能力と言えよう。精神面では、知能が高いということであろう。サルやチンパンジー・ゴリラそしてオランウータンなどの類人猿(るいじんえん)も高い部類に属するが、人間のそれにはとうてい追い付けない。記憶力も知能の一つでこの能力も―少なくとも学習能力としての記憶力―人間に勝(まさ)ることはできない。

　　人間の記憶力というのはある頂点に達したあとは、低下していくのが普通である。たいがい年を重ねれば重ねるほど弱くなっていくのが定説。心身の老衰とともに脳の働きも弱るからであろう。

　　ところで、①老化と関係ない記憶力の低下も現にいくらでもある。人間は健忘症(けんぼうしょう)と呼ばれる一時的な記憶力の弱化もあるし、自分にとって不利な事柄や悲しみを覚える事に対する記憶力がぐんと落ちるという研究結果もある。人間の記憶力は、②自己防衛機能が働き、自分にとってプラスになるような記憶は成るべく忘れないように自動制御されるが、マイナスになるようなことは、忘却という自動制御システムによって、自ずと失せていきやすい。

　　高校生の時に出会い、同じ大学を出て、２児をもうけ、幸せな家庭を築いてきたある夫婦が、何かが原因で大喧嘩をし、間もなく離婚するハメになった。結婚前、周りから結婚を反対されそうになった時、「心中する(しんじゅう)(注1)」と脅し、反対を押し切って結婚に至った経緯もあるくらい二人は熱く愛し合っていたのである。なのにちょっとしたことでかっかして(注2)離婚。離婚した二人は、最初の数年間は連絡どころか、憎しみ合っていたが、二人とも段々相手のことをよくも悪くも思わず自分達の生活に充実してきて、10年という歳月が流れたのである。離婚から数えると12年ぐらい経ったある日、偶然道端でばったり会った二人は、今までの離婚が嘘かのように「元」に戻って、以前よりずっと強固な幸せを築いている。その幸

せは他でもない忘却がもたらしてくれたのである。二人は、縒りを戻す(注3)ため、特に意識的な行動を取ったわけではない。周りのはしたない(注4)言葉などは耳に入れずただ無感覚で暮らしてきただけである。それが自ずと忘却というシステムを働かせたわけである。

　それでなのか、ある結婚情報会社の女社長は、こういうケースの場合「③まだ早いじゃありませんか。慎重に考えてください」を必ず言うようにしているそうだ。その女性社長は「お客さんである前に、もともとある家庭を守っていた旦那であり奥さんだ」と言う。その社長は忘却の素晴らしさを重々(注5)知っているに違いない。その女性社長曰く(注6)「お金が目当てならすぐに繋ぎますよ。ただ、それでしくじったことも少なくありませんから。人間っていつまで経っても同じ気分でいる場合もありますが、長い歳月が過ぎたあと、自分が切れまくった理由が何なのかすら忘れている場合もいくらでもありますから」と言う。

　「早とちり」という言葉があるのは、やはりそれなりの訳があるはずだ。人間は、自分自身を守るために、意識しようがしまいが忘却というシステムを備えている。それがあってこそ悲しみも憎しみも忘れられ、結果として生を営み続けることができるから素晴らしい。光と陰の役割がそれぞれあるように、記憶も忘却も天与の(注7)素晴らしき贈り物であると言いたいのである。

（権寧夫『魂まで愛せなかったら結婚するな』による）

(注1) 心中する：愛し合う男女が自殺する

(注2) かっかする：腹を立てて冷静さが失われる

(注3) 縒りを戻す：別れた男女がまた一緒になる

(注4) はしたない：下品で情けない・中途半端である

(注5) 重々：十分に

(注6) 曰く：言うことには

(注7) 天与の：天から与えられた

14 ①老化と関係ない記憶力の低下というのはどういうものか。

1 嬉しいことを忘れること

2 常時忘れていること

3 自分にとって有利な記憶をうっかり忘れること

4 心の中に持ち続けて得と感じないことを忘れること

15 ここで言う②自己防衛機能とは結局どういうことか。

1 相手にとってプラスになるような記憶を忘れないこと

2 相手にとってマイナスになるような記憶を忘れること

3 自分にとってプラスになるような記憶を忘れること

4 自分にとってマイナスになるような記憶を忘れること

16 ③まだ早いじゃありませんかとあるが、どうして女社長はそう言ったのか。

1 離婚するのはまだ早いようだから

2 縒りが戻せるかどうか十分考えていないようだから

3 再婚の機会があるかどうか十分考えていないようだから

4 復縁するのはまだ考えていないようだから

17 この文章と通して筆者が最も言いたいことは何か。

1 自己防衛機能の中には記憶力とともに忘却もある。

2 離婚しても一定期間待った方がいい。

3 忘れることが必ずしも良くない結果をもたらすとは言いがたく、時には重要な働きとなる。

4 離婚しても配偶者を憎まないで待ちなさい。

問題11　次のＡとＢの投書を読んで、後の問いに対する答えとして最もよいものを１・２・
　　　　３・４から一つ選びなさい。

Ａ

　　今世界的に喫煙に対する反発心が強まっている。喫煙を麻薬の吸い込みと同じ
ものだと言い切る人もいるくらいである。各国では、たばこの値段を上げたり、
禁煙区域を設けるなど、禁煙を誘導するというよりも喫煙をできなくする措置を
次々と出している。そのおかげか、喫煙率は年々下がってきている。とりわけ男
性の喫煙率は女性のそれに比べても数字の上で大きい。しかし、非喫煙者にする
ための努力に拍手を送りつつも方法上の問題については一言添えざるを得ない。
というのは、値段を上げるというのは物価の引上げな訳で、上げる経済的要因が
ないのに上げていいかという問題が残る。禁煙区域の拡大にしても、場所さえ決
めればいいというものでもなさそうな気がしないでもない。守らない、守れない
人もいるからである。

Ｂ

　　喫煙者を減らすための、たばこの値段の引上げや禁煙区域の拡大に反対の声を
出す人がいるようだが、困ったものだと思う。国内に限らず世界的にみても喫煙
による事故の多さを考えたらそんな呑気（のんき）なことは言えないはずだ。たばこによる
山火事で何十人もの犠牲者が出て、何十万ヘクタールという貴重な森が灰と化し
た事件が起きたばかりなのに、よくもそんな無頓着（む とんちゃく）なことが言えたものだ。肺ガ
ンや各種のガンの原因もたばこによるところが大きいというのに、値段を上げる
ことのどこが悪いのかと聞き返したくなる。まあ、百歩譲って物価の引上げの負
担感や喫煙区域の設置が「あまりにもいきなり」といった事情もわからないでもな
い。しかし、火事は勿論、肺ガンなどによる入院でかさむ医療保険の負担増は誰
が持ってくれると言うのだ！　たばこの値段をうんと上げて喫煙者を２割も減らし
たというＡ国に学べと言いたいくらいだ。

⑱ たばこの値段の引上げと禁煙区域の拡大についてAとBはどんな立場なのか。

1 Aは基本的に反対であるが、Bは積極的に賛成である。

2 Aは基本的に賛成であるが、Bは積極的に反対である。

3 Aは基本的に賛成であるが、Bは積極的に賛成である。

4 AもBも基本的に反対である。

⑲ たばこの値段の引上げと禁煙区域の拡大についてのAとBの内容の組み合わせとして適切なのはどれか。

1 Aの内容：たばこが体に悪いのは間違いないが麻薬ほどではない。

　　Bの内容：山火事の原因はたばこ以外にもある。

2 Aの内容：たばこの害は麻薬と同じぐらいだ。

　　Bの内容：政府の努力に拍手を送りつつも、付け加えたいこともある。

3 Aの内容：たばこの値段をもっと上げてもいいくらいだ。

　　Bの内容：喫煙者のための措置も必要だ。

4 Aの内容：禁煙する人は女性より男性のパーセンテージが大きい。

　　Bの内容：事故や発病とたばこの関わりは深い。

⑳ AとBのどちらの投書にも触れられている内容はどれか。

1 今世界的に麻薬退治に関する関心が強まっている。

2 山火事による人的・物的被害の原因はたばこにある。

3 たばこの値段の引上げと経済的論理との間に問題が全くないとは言えない。

4 たばこの値段の引上げに対する負担と喫煙場所の必要性は全くないとは言えない。

問題12　次の文章を読んで、後の問いに対する答えとして、最もよいものを 1・2・3・4 から一つ選びなさい。

　①ご存じのように、「産業」の種類にはいろいろあります。わかりやすいものから並べますと、まず「第一次産業」があります。小学校の「社会」でしょうか。私も昔学校の授業で、農林水産業のこと、と習ったことがあります。

　「1」の次は「2」ですから、「第二次産業」も当然あります。「第二次産業」とは、第一次産業が採取・収穫した原材料を加工して富(とみ)を作り出す産業、あたりが無難な説明でしょう。順を追って、次は「第三次産業」。最近は、「第四次産業(よじ)」という耳慣れない言葉も耳にします。IT産業や知的所有権関連などを「4次」と呼んでいるようですが、そのカテゴリーはまだ定まっていません。「宇宙産業」という呼び名もありますが、近年脚光(きゃっこう)を浴びる産業として根を下ろしつつあります。「未来産業」・「成長産業」のような表現もありますが、これらの意味するところは、大体のニュアンスは伝わりますが、正確な意味は定義しにくいでしょう。言うなれば、今までにない産業か、4次産業のような、未来に向けての産業、希望的な産業といったところがおおよその意味でしょう。

　「産業」の頭につく言葉、つまり接頭辞としてつく言葉は、「第一次」、「IT」、「宇宙」そして「未来」など、いろいろあります。いろいろある中で、その仕事に携わっている人なら無条件に嫌う産業が「斜陽産業」ではないでしょうか。「斜陽」というのは、「斜(なな)め」と「陽(ひ)」と書いて、暮れる陽が西の山に斜めにかかっている、夕陽が斜めに差し込んでいる、という意味で、早い話が日没(にちぼつ)ということです。つまり「もうすぐ暗くなる」、「夜になる」という意味です。

　②私たちが、ふだん何気なしに使う言葉は、具体的な場面の敍述と抽象的な場面の敍述とがあります。「明るい部屋」と「明るい未来」そして「その辺の事情に明るい」に使われている「明るい」は、それぞれ意味が違います。同じように「長い髪」と「長い間」の「長い」、「きつい服」と「きつい日程」の「きつい」もその意味するところが違う訳です。(中略)

　かつて繁盛していた産業・業種が時代とともに廃れて（注1）いく例は少なくありません。日本の場合、繊維、アルミ精錬（注2）、石油化学などが斜陽化していると言われ、反対にIC、コンピューター、通信器機、ロボットなどのエレクトロニクス関連産業の成長への潜在力に目をつける企業は目立って増えています。

　商売や経済に関心をお持ちの方は、今後就きたいと思う仕事が成長への潜在力を帯びている分野なのか、それとも、斜陽化していく分野なのかをよく見極める必要があります。一つの例として、学校の本、新聞、雑誌などがどんどん新技術に③自分の座を奪われつつある今日、紙関連の仕事は今後厳しくなるのは必至のことだと異口同音に言われています。紙を媒体とする文化が完全になくなるようなことはないでしょうが、紙の袋がビニール袋に、紙の箱がプラスチックに、ファックスがEメールに取って代わっている現実をみても明白です。

　時代の流れを読み取る力を身につけるために、時代を先取りするために本書は書かれました。

（注1）廃れる：勢いを無くしたり衰える
（注2）精錬：原料鉱石を純度の高いものにすること

21　①ご存じのようにとあるが、何を知っていると言っているか。

1　農林水産業は1次産業であること

2　産業の種類は、1次・2次・3次・4次・5次まであること

3　産業の分類法は小学校で習うこと

4　産業の種類には色々なものがあること

22　②私たちが、ふだん何気なしに使う言葉は、具体的な場面の叙述と抽象的な場面の叙述とがありますとあるが、次のうち、具体的叙述と抽象的叙述の組み合わせとして正しいのはどれか。

1　具体的叙述：「明るい未来」　　抽象的叙述：「長い髪」

2　具体的叙述：「長い間」　　　　抽象的叙述：「明るい未来」

3　具体的叙述：「明るい部屋」　　抽象的叙述：「きつい服」

4　具体的叙述：「きつい服」　　　抽象的叙述：「その辺の事情に明るい」

23　③自分の座を奪われつつある例として関連性が弱いのはどれか。

1　「宿題はEメールで提出しろ」と言われたが、この場合も「提出」って言えるものなのかな。

2　電子辞書ができてどんなにありがたいことか。

3　関連資料をネットで調べてA４の紙に1,000字程度で手書きでまとめて出すこと!

4　インターネットをサーチしたら手書きの貴重な資料が載っていてすぐさまダウンロードして自分のPCに保存した。

24　この文章は、ある本の「はしがき」に当たるものである。どの分野の本で、主旨は何か。

1　化学関連書で、時代の変化にうといと、取り残されやすい。

2　物理関連書で、時代の変化にうといと、時代の流れを読み取りにくい。

3　農林水産関連書で、時代を先取りするために、幅広い知識を身につけるべきだ。

4　ビジネス関連書で、時代を先取りするために、物事を見抜く力を養うべきだ。

問題13　次は「市民図書館の利用案内」である。下の質問に対する答えとして、最もよいもの
　　　　を１・２・３・４から１つ選びなさい。

25　Aさんは10月１日に本を３冊とDVDを１枚借りている。10月10日は、図書館の工
　　事で１日休館となる。Aさんは借りた本を何日までに返さなければならないか。

　　1　10月 ８日

　　2　10月 ９日

　　3　10月10日

　　4　10月11日

26　Aさんは借りた本をうっかりして返却日を４日過ぎて、14日の木曜日の今日やっと
　　返すことができた。17日は日曜日だが、公休日でもある。今日借りるCD３枚は何
　　日までに返さなければならないか。

　　1　18日

　　2　19日

　　3　20日

　　4　21日

「市民図書館の利用案内」

1 当市民図書館の休館日は毎週月曜日である。

2 但し、日曜日と祝日が重なった場合は、火曜日も休館日となる。

3 お正月の３連休とゴールデンウィークは例外とする。年末年始と４月下旬から５月初めにわたるゴールデンウィークの場合は、ホームページにて確認のこと。

4 開館時間は朝９時から、午後７時までとする。但し、土曜と日曜は午後５時までとする。

5 図書類の貸し出しは一人につき５冊までで、借りられる日数は、借りた日と返却日を除いて８日間とする。（但し、返却日が休館日である場合は、その翌日までに返すこと）

6 CDやDVDは一人につき、CDは３枚、DVDは１枚までとする。

7 CDやDVDも借りられる期間は、借りた日と返却日を除いて８日間とする。

8 返却日が過ぎても本やCD、またはDVDを返さない場合は、遅れた日数分、次の貸し出しから差し引くこととする。

9 遅延日数が10日間を過ぎた場合は、３ヶ月間、貸し出しができなくなる。

10 コピーの申請は午後５時までで、どんな本でも本の内容の１割以上コピーすることはできない。

JLPT 급소공략 **N1 독해**

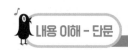

問題8　次の文章を読んで、後の問いに対する答えとして、最もよいものを１・２・３・４から一つ選びなさい。

　　私は一人でいるのがとても苦手な性格である。長年の留学生活、海外勤務で慣れきってもおかしくないのに、と周りから<u>よく言われる</u>。しかし最近はというと、そうでもなくなってきている。コンピューターのおかげで一人でいてもインターネット囲碁(注1)が楽しめるからだ。孤独な時間の唯一の友なわけである。しかし、いいことが一つあると、反対に悪いことも一つあるとよく口にされるが、正にそのとおりである。退屈極まりない一人の時間を楽しく過ごせる分、どうしても時間の無駄遣いも生じる。でも、まあそれは仕方ないか、とも思ったりする。

(注1) 囲碁：黒い石と白い石を交互に打ってやるゲーム

1　文中の<u>よく言われる</u>とあるが、それは何を指すか。

1　一人でいるのが苦手だと言われること

2　留学と海外勤務が長いのに、孤独に対して脆弱だと言われること

3　インターネット囲碁をやりすぎると言われること

4　時間の無駄遣いが多すぎると言われること

　　中学生による誘拐殺害事件が起きた。優等生で普段から口数の少ないおとなしい生徒だった。動機を聞くと、「特にない。ただ人を殺したかっただけだ」と答えたそうだ。何か理由があると思った精神科医が追及する(注1)と、高校入試への強迫観念が原因だったらしい。満14歳になったばかりなので、大人のように懲役に処するわけにもいかず、保護措置の対象となったが、子供を亡くした親はどんな思いだろうか。親としては、それが殺害の動機として成り立つか!、とやるせない(注2)憤り(注3)でいっぱいだろう。

　　競争の激しい世の中、子育てもそう簡単なことではない。人格を円満に養う柔軟な教育を行うしか、他に方法がなさそうだ。

(注1) 追及する：厳しく問い詰める

(注2) やるせない：つらく悲しい。どうしようもない

(注3) 憤り：憤怒。激しい怒り

2　この文章の内容と合っているものはどれか。

1　殺害した生徒は精神的な悩みを抱えていた。

2　殺害した生徒は医師の追及によって病名が発覚した。

3　殺害した生徒は精神科に通っていた。

4　殺害した生徒は懲役処分を言い渡された。

私はふだんから、<u>諺どおり生きることを肝に銘じている</u>(注1)。というのは、これといった宗教もなければ哲学も特にないからである。先人の知恵が溶けている諺どおり生きれば老後になって悔いることは少ないと信じている。現代社会は、ものも、考え方も、やり方もその数が多すぎてどれを取ればいいか本当に判りにくい時代である。東洋と西洋の宗教・哲学が交流する中、諺の交流も盛んである。交流といっても本を通しての紹介であるが。各宗教の教えにも関心を寄せつつ、実生活という面では、ふだんから諺や名言集を人生の羅針盤にしている。

(注1) 肝に銘じる：心に深く刻み、決して忘れないようにする

3　文中の<u>諺どおり生きることを肝に銘じている</u>一番の理由は何か。

1　考え方も、やり方もその数が多すぎて判りにくい時代だから

2　先人の知恵が覗けるから

3　宗教に興味がないから

4　普段から諺や名言集をよく読んでいるから

　　風邪ほどよくかかる病気はないだろう。老若男女を問わず、年がら年中といっていいほど家族の誰かが風邪を引く。

　　風邪は伝染によってかかる場合もあるが、普通は自ら発病する。働き過ぎて体力を消耗しきったとき、よくかかるばかりか、飲み過ぎによる疲れで風邪になる場合もある。

　　風邪は、普通数日休んだり薬を飲んだりすれば治るが、特殊な場合は、それが原因で大事になることもある。それゆえ風邪のことを万病の元というのである。あまり健康を過信せず、日頃から風邪を引かないように努めるのが利口というものである。

4　この文章で筆者が最も言いたいことは何か。

1　風邪を引かぬよう体を大事にしよう。

2　疲れによる風邪に注意しよう。

3　風邪は万病の元と言えるが、めったなことでは拡大しない。

4　風邪よりもそれによる大病もありうるから、気をつけよう。

問題9　次の文章を読んで、後の問いに対する答えとして、最もよいものを１・２・３・４
　　　　から一つ選びなさい。

　　　５月のゴールデンウィークを迎え、暖かい日が続いている。やっと本格的な春
が来たという感じがする。今年は桜の開花時期が来ても寒い日が多かった。待ち
に待った満開の休日を迎えても、寒くてゆっくり花見ができなかった。桜の木の
下でバーベキューをしていたが、寒くてバーベキューを焼く炭火(すみび)で暖(だん)を取(と)ってい
る(注1)状態だ。

　　　昔から三寒四温(さんかんしおん)と言われているが、今年の冬は、一日目は寒くて、次の日は暖
かい、いわゆる一寒一温(いっかんいちおん)だ。そしてそれが４月まで続いていた。気温が上がる日
は20度近くなり、暑くて紫外線(しがいせん)が強く、夏を思わせる太陽光線だった。

　　　暖かいと思っていると、翌日はぐっと気温が下がり、また防寒(ぼうかん)ジャンパーを着
たりした。衣類を選ぶのも例年どおりにはいかない。４月には全国的に大雪が降
り、40数年ぶりの異常な天候(てんこう)だと騒がれた。世界的には温暖化が進んでいるよう
だが、こちらは寒冷化を感じる日々だ。

　　　①異常気象という言葉がピッタリくる。

　　　ずっと前から二酸化炭素を減らすため、エコカー・エコ住宅など環境対策が進
められてきているが、その成果を実感するのは難しい。地球環境は人間の努力に
よって、果たして元に戻すことが可能なのだろうか。

　　　環境保全・環境対策は全人類次元で進めなければならない大事(おおごと)なのに、先進国
と開発途上国は歩調(ほちょう)を同じくできないのも現状である。特に先進国の自国中心主
義は困ったものである。②不安も広がるわけである。

　　　自然が狂ってくれば、当然人間も正常に生きられなくなる。③自然の反乱が
本格化する前に、自然の怒りを鎮める努力を急ぐべきだと言わざるを得ないだろ
う。

(注1) 暖(だん)を取(と)る：体を暖める

⑤ ①異常気象という言葉がピッタリくるとあるが、どうしてか。

1 昔から三寒四温と呼ばれているが、今年の天候は一寒一温であるため

2 冬から春を通じて夏のように気温が上がったかと思うと、翌日は大雪が降って冬のように寒くなったりを繰り返すため

3 待ちに待った桜が満開になっているのに、あまり春らしい天気でないため

4 4月に40数年ぶりの大雪が降ったため

⑥ ②不安も広がるわけであるというのはどういうことか。

1 温暖化の原因である二酸化炭素を減らす必要があるが、先進国と開発途上国との協力体制もあまり見られず、特に先進国の自国中心主義が問題なので

2 二酸化炭素を減らすため、エコカー・エコ住宅などが進められてきているが、十分な成果が出ないため

3 寒くてジャンパーを着たかと思いきや、翌日は夏のかんかん照りと、あまりにも異常気象が続くため

4 温暖化対策を進めているのに急に、寒冷化現象が起こっており、予想ができないため

⑦ ③自然の反乱が本格化する前に、自然の怒りを鎮める努力を急ぐべきだとあるが、筆者の考えに最も近いものはどれか。

1 暑かったり寒かったり異常気象が続くと、健康被害も出やすいので、健康管理を徹底する必要がある。

2 異常気象が続くと季節感覚が狂ってしまい、衣料業界などによくない影響が出やすいので、適切な施策が必要である。

3 異常気象が持続的に展開する前に、温暖化対策などを超国家的レベルで進めていく必要がある。

4 自然の大災害が来る前に、その防護対策を国家を挙げて取り組む必要がある。

日本の首都、東京を①モンスター(注1)都市と呼んでいる。何がモンスターなのか。東京の都市構造が拡大している点である。横に上に下にと東京が拡がっている。

　まず、横への拡がりだが、東京23区を中心に多摩地区そして隣の県である埼玉県、神奈川県、千葉県に連結した一大都市圏をなしている。東京都は1,300万ぐらいの人口だが年々人口が増えている。のみならず近隣県まで含めて3,000万の人口が一大東京都市圏に住んでいる。3,000万都市というのは、世界でもトップクラスだ。

　次に上への拡がりがある。これは、つまり高層ビルの建築ラッシュである。東京の丸の内を中心とする都心高層ビル、新宿副都心の高層ビル、新橋から品川に至る高層ビル、その他いろいろなところで高層ビルが建築され、そびえている。その②数たるや(注2)世界でも類を見ないという。

　三番目の拡大は下、すなわち地下への拡がりである。縦横に巡らされた地下鉄網は世界有数だが、さらなる地下鉄そして地下高速道路の建設が進み、地下がますます賑やかになっている。本当に東京はモンスター都市といっていいだろう。

　同時に日本は地震国であるため、耐震化も進められている。しかし想定以上の地震がきたら恐ろしいほどの被害が出る可能性も考えられる。

　東京の巨大化、モンスター化は、この程度にして首都機能を他の地域に分散すべきであると、多くの有識者(注3)が論じているのを忘れてはなるまい。

(注1) モンスター：怪物

(注2) たるや：〜と言えば・〜と言ったら

(注3) 有識者：学問と識見が高い人で権威のある専門家

8 ①<u>モンスター都市</u>とはどういうことか。

  1 モンスターのように拡大する、汚く不気味で気持ち悪い都市

  2 モンスターのように都市構造が立体的に拡大しつづけている都市

  3 モンスターのように巨大で把握するのが難しい都市

  4 モンスターのように味気ない巨大なコンクリートの塊のような都市

9 ②<u>数たるや世界でも類を見ない</u>とはどういうことか。

  1 高層ビルの数だけで見ても都市の広さは分からない。

  2 高層ビルの数だけで見ても都市の人口は分からない。

  3 東京の高層ビルの数は、比較的少ない方ではない。

  4 東京の高層ビルの数は、世界で最も多い都市の部類に入る。

10 この文章で筆者が最も言いたいことは何か。

  1 モンスター都市東京に巨大地震が来たら、想像を絶する被害が出る恐れがあるので、地震予知の研究が急がれる。

  2 首都東京がモンスターのように拡大しているが、大災害をもたらす危険性もあり、また首都としての機能が集中しすぎているので、一部地方にも分けた方がいい。

  3 東京が横へ上へ下へとモンスターのごとく拡大している。拡大に伴う人口集中と過密化が深刻な問題となっている。

  4 東京の巨大化、モンスター化が進みすぎると指摘する有識者が増えている。有識者を集めた徹底した議論が必要である。

いよいよプロ野球が開幕し、長いペナントレースが始まった。そんな時、応援するチームのコーチが交通事故で亡くなった。

昨年まで現役を務め、チャンスに強くガッツ(注1)があるその姿が好きだった。今年からコーチに昇格した矢先(注2)の出来事だった。

①他界を惜しんでテレビでも連日報道され、その生い立ち(注3)や家族関係が映し出され、涙が出てきた。現役引退の際のインタビューでは、家族への感謝の思いを語っていた。特に子供への愛情が深く、試合で疲れて帰って来た日でも、宿題をチェックするくらいだった。

現役時代から仕事の暇を見つけては、自分が育った少年野球チームのコーチを買って出て(注4)ボランティアとして熱心に教えていた。

エゴイズムと個人主義の風潮が強まっている昨今の日本。子の親殺し、親の子供虐待、いとも簡単な浮気(注5)と夫婦離婚、②全く嘆かわしいものである。

そんな中、家族を愛しそして自分を育ててくれた少年野球チームに感謝し、指導に当たる愛と奉仕の精神に心を打たれた。

もっと長生きしてほしい人がいち早くこの世を旅立ち(注6)、罪意識もなく社会悪を行うような、どうでもいいような人が長生きする場合がある。この世の中は必ずしも能力や努力に比例して収入があったり、社会的に成功したり、認められるものではないとは、知りつつも、納得がいかないのである。まあ、それを運命といえばそれまでだが。尊い人生を歩んできたその選手が、無性に(注7)恋しくなる。

(注1) ガッツ：やる気・根性
(注2) 矢先：何かをしようとするちょうどその時
(注3) 生い立ち：成長過程
(注4) 買って出る：自ら進んで引き受ける
(注5) 浮気：不倫
(注6) 旅立つ：亡くなる
(注7) 無性に：抑えきれないさま・やたらに

11 ①他界を惜しんでとはどういう意味か。

1 亡くなった方を懐かしみ残念に思って

2 亡くなった方へのすまなさを込めて

3 亡くなった方を褒め称えるために

4 亡くなった方への感謝の気持ちを込めて

12 ②全く嘆かわしいものであると筆者が語る理由は何か。

1 応援するプロ野球チームの人であり、チャンスに強くガッツもある優秀な選手を失ったため

2 家族思いであり、自分を育ててくれた少年野球チームに感謝と奉仕で応えるといった立派な方が亡くなったため

3 エゴイズムと個人主義が強まっているが、それらを教育し正していく学校が全くないから

4 利己主義が広がり家庭が崩壊し、かつては考えられなかったような事件も起こっているため

13 この文章を通して、うかがえる筆者の最も強い気持ちは何か。

1 筆者は、好きだった選手の事故死を悲しんでいる。

2 筆者は、罪意識もなく社会悪を行う人を嫌っている。

3 筆者は、殺人事件を減らし、円満な家庭づくりを促している。

4 筆者は、能力や努力に比例する世の中であってほしいと言っている。

問題10　次の文章を読んで、後の問いに対する答えとして、最もよいものを１・２・３・４
　　　　から一つ選びなさい。

　　　給料日ほど待たれる日がほかにあるだろうか。給料というのは一家の長たる者
（注1）は勿論のこと、妻も子供もまたは祖父母と一緒の場合は、祖父母まで「給料日」
を待ちわびるものだ。しかし、給料日ほど怖い日もない。給料日に各種事故や人
身事故が多く起きるからである。待ちわびるどころか、一番用心せねばならない
日である。

　　　お金が嫌いだという人を私はまだ見たことがない。お金があってはじめて家賃
が払えるし、食料や服も買えるからである。医療保障制度が比較的完備された国
の人でも、お金が足りなくて①現実的には充分な検査を受けられなかったり手術
を延期したりするようなこともなきにしもあらずである。

　　　世界第３位の経済大国で一人当たりのGDPが４万ドルを超える日本でも電気代が
払えず、電気を止められた挙げ句、火事を起こしてしまったという出来事もある。

　　　信じがたい話だろうが、火事を起こしたのは、地方から上京してきた女性。アパ
ートを借りて半年もの職探しの末にやっと就職に成功したのだが、入社後半年も経
たぬうちに、会社の倒産と失職。失業手当で何とか最低の生活をしつつ、次の仕事
を探しているうちに、お金が底をつき、電気代の滞納が発生、結局電気を止められ
てしまった。やむなしにロウソクを灯しての生活中、うっかり火事を起こしてしま
ったということである。お金の重要性を二度も三度も強調する必要はないだろう。

　　　ところが、お金があって、いや、ありすぎて起きる不祥事も多いからこそ、お
金にまつわる話がたくさんあるのではないだろうか。亡き父母が遺産をたくさん
残したことによって骨肉の争い（注2）が起きてしまう②皮肉な話も少なくない。

　　　また、待ちに待った給料日なのに、今さら給料が多いとか少ないとかイザコザ
が起きる家庭もある。給料をもらって支払うべき項目を箇条書きにしたらあまり
残らない。ため息ばかりの妻。気分が悪くなった旦那は外に出て一杯。家に帰っ
て来るや、「ただでさえお金が足りないというのに、良くも酒が喉を通るわね」って
怒声。挙げ句の果てに夫婦ゲンカというパターンもたまに聞く。

　給料日だからこそ、豪華な食材を買いそろえ、家族そろっての愉しい晩餐会ができればもう言うことない。しかし、給料日だからこそ憂鬱な気分になったり気が滅入ったりするケースも、終身雇用制度の概念が希薄になった今はよく耳にする話である。給料日のアクシデントのNO.1は、何と言っても飲酒後の車の運転とそれによる事故。軽傷で済むならまだしも飲酒運転の怖さは、事故の大きさが違うから恐れられているではないか。平日より給料日に大事故が起きやすいという信憑性の高い統計もある。

　③収入が多い人でも、不祥事に巻き込まれることが少なくない。給料日は気分がいいからつい深酒したりして事故る場合もあるからだ。値の張る店に出入りしたり、衝動買いをしたりして夫婦のもめごとになることもある。懐が温かくなる(注3)と、平常心も失いやすい。人間は少々驕り高ぶる(注4)性質も持っているからであろう。それが様々な形のアクシデントとして現われるから、給料日に悪いことが多いと言われるゆえんであろう。給料と併せてボーナスが出た日もアクシデントが起こりやすいそうだ。お金に余裕ができると、買物や外食あるいは旅行などの目的で遠出することが増える。そうなると、行きか帰りに飲みやすい環境下に置かれる。自分だけでなくて他人も同じなわけで、事故の確率はその分上がる。お金が懐を温めると、心の弛みが生じやすくそれがやがて事故につながる蓋然性を高めるかもしれない。先人が教え諭して(注5)くれた「好事魔多し」をゆめゆめ(注6)忘れること勿れ。

(注1) 一家の長たる者：家長

(注2) 骨肉の争い：親子や兄弟同士のけんか

(注3) 懐が温かい：所持金がたっぷりある

(注4) 驕り高ぶる：思い上がって高慢な態度をとる

(注5) 教え諭す：よく理解できるように話して聞かせる

(注6) ゆめゆめ：決して

14　①現実的には十分な検査を受けられなかったり手術を延期したりするようなことも
なきにしもあらずとあるが、それはなぜか。

　　1　医療保障制度は比較的完備されているが、手術に伴う危険性があるから

　　2　医療保障制度が比較的完備されていても、全額支援ではないから

　　3　医療保障制度が比較的完備されていても、実際の負担額が高いから

　　4　稼ぎが悪くて生活における充分な収入がないから

15　②皮肉な話とはどういうことか。

　　1　お金がなくて困った話

　　2　たくさんの財産が裏目に出たこと

　　3　亡くなった親が財産をたくさん残したこと

　　4　給料日に限って深酒すること

16　③収入が多い人でも、不祥事に巻き込まれることが少なくないとあるが、それは
なぜか。

　　1　給料がたくさん出ると、普段どおりの心持ちでなくなりやすいから

　　2　たくさんの給料が出た日は、夫婦喧嘩になりやすいから

　　3　たくさんの給料が出た日は、どこにも行かないから

　　4　給料日は友達と会ってよく飲むから

17 この文章で筆者が最も言いたいことは何か。

1 人間には驕り高ぶる習性があるから、給料日も平日も気をつけるべきだ。

2 給料が少ないと家庭の平和を保ちにくいので、副業などもしてお金をたくさん稼がないといけない。

3 給料日やボーナスの出た日は、外で深酒したり、衝動買いしたりするより、早く家へ帰って家族と過ごすべきだ。

4 嬉しいはずの給料日でも気を許すと取り返しのつかない出来事に遭遇する蓋然性が高いので慎しむ必要がある。

問題11　次のAとBの投書を読んで、後の問いに対する答えとして最もよいものを１・２・３・４から一つ選びなさい。

A

　　経済難と犯罪率の相関関係は、人類の歴史と共にあったと言っても間違いではないだろう。「人間、誰しも何日も何も食べないと、頭が朦朧としてきて(注1)、食べ物を求めるために泥棒でも何でもするようになりやすい」と、よく言われる。戦争や大災害とまではいかなくても、何日も食べていないと、誰でも悪い事に手を出しやすくなるものだ。不況が続いている今日このごろ、いささか気になるといえば気になる。防犯カメラの数をもっと増やしてほしいと、苦情を出す住民がいる一方で、必要以上に多く設置するのはプライバシー侵害だ、と声高に言う人もいる。

　　路地の多い下町の住民は増設を、高級住宅街であればあるほど、増設を歓迎しない雰囲気もある。迷宮に陥りかけた事件が、防犯カメラや監視カメラによって解決することも少なくない。設置を増やすのは避けられない、時代の要請ではあるが、それを喜ばない人もいるから、まずは適正な数や場所を決めることが先だと思う。

(注1) 朦朧としてきて：意識がはっきりしなくなってきて

90

B

　　防犯カメラの役割は、事件を未然に防ぐところにあるので、防犯カメラの増設は、もはや取捨選択の問題ではない。必要と思われる地域にどんどん防犯カメラを配備するのは市民の安全と財産を守る上でやむないことである。

　　我が国は、以前は安全大国と言われてきたが、近年の景気低迷による社会不安などによって様々な事件、事故が多発するようになってきた。特に空き巣(注1)の増加がここへ来て目立っている。しかし、犯罪の組織化・ハイテク化などによって検挙率はかなり低く、今まで保ってきた「安全神話」は崩れつつあるのが現状である。国が設置する防犯カメラのみならず、各家ごとの安全対策の強化も必要だと思う。勿論、防犯カメラの増設がプライバシー侵害につながる可能性が全くないとは言えないが、安全にこしたことはないので、増設はやむを得ないと思う。時代の要請に訝しげな(注2)態度をとるものではない。

(注1) 空き巣：留守宅に入って盗みを働くこと。また、その人
(注2) 訝しい：疑わしい

18　防犯カメラの増設について、AとBはどんな態度をとっているか。

　1　AもBも積極的に増設に賛成する。

　2　AもBも積極的に増設に反対する。

　3　Aは基本的に賛成するが、Bは積極的に賛成する。

　4　Aは基本的に賛成するが、Bは消極的に賛成する。

19　AとBのどちらの投書にも触れられている内容は何か。

1　時代の要請とはいえ、防犯カメラの増設は慎重に進めるべきだ。

2　時代の要請を無視して防犯カメラの増設に反対するのはいただけない。

3　経済的不安と犯罪率の増加には何らかの関係がある。

4　下町か高級住宅地かによって防犯カメラの増設に対する反応が違うのはおもしろいと言えばおもしろい。

20　AとBの一番大きな違いは何か。

1　Aは積極的に賛成するが、反対する人のために、適正さを算出して進めた方がいいと言っている。その反面、Bは無条件に進めるべきだと主張している。

2　Aは積極的に賛成するが、反対する人のために、彼らを説得して進めた方がいいと言っている。その反面、Bは下町から増設を急ぐべきだと主張している。

3　Aは基本的には反対するが、賛成する人のために、早く進めた方がいいと言っている。その反面、Bはゆっくり進めるべきだと主張している。

4　Aは基本的には賛成するが、反対する人のために、適正さを算出して進めた方がいいと言っている。その反面、Bは無条件に進めるべきだと主張している。

問題12　次の文章を読んで、後の問いに対する答えとして、最もよいものを１・２・３・４から一つ選びなさい。

　20代のうちにやっておくべきことはいろいろあろうが、私は何はともあれ、逞しい体力をつけることが最優先課題だと思う。これは当たり前過ぎる話なので、忘れられがちだが、健康を失っては台無しだからこそ、気をつけるべきである。次に大事だと思うのは、幅広い読書である。

　学歴を重んじる風潮は弱まっているとは言うものの、それを気にする人も減ってはいない。コネ社会の悪弊を指摘している自称他称の有識者ですら、自分の子供をいい大学に入れるために血眼になっている。勿論、①それが悪いわけではない。ともあれ、いい大学に入るには高校三年間は死ぬ思いで勉強に勤しまなければならない。当然、読書に回す時間などない。必要だが時間がない。

　我々は子供の時から、学校の先生からも、身内の人からも本を読め、本を読めと、耳にタコができるほど聞いてきたのである。それを促すのは人間だけではない。本にもそれが載っていて、ほぼノイローゼ状態。そのくせ、何をどう読めばいいかは、あまり教えてくれない。「選ぶのが難しかったら、全集などを読めばいいだろう」と言われかねないが、第一そういうことを言う人は、自分はそうしているのか、とまず聞き返したい。あれだけたくさんの本を全部読めなんて、本代もさることながらそんなことをしていたら学校の勉強は一体どうなるんだ、と反問したくなる。

　「本を読め」ではなく「この本を読め」でなくてはなるまい。要するに本の種類、内容、水準などを充分わきまえてから「奨めてくれ」と言いたいわけである。インタビューをしている記者が何の予備知識もなくただマイクだけを向ける場面を見ると、②無性にむかつくのだが、それと全く同じである。人間の精神に、時には良い滋養分を、時には悪い影響を与えかねない書物を自分で選べなんて。詳らかな説明なしでただ単に「読め」ではかえってありがた迷惑である。

　二十歳になった倅(注1)にある日、一つの提案をした。「毎月一冊ずつ本を買ってやるから読んでくれないか。一晩で読もうと、一ヶ月かけて読もうと構わない。

とにかくその本の感想を聞かせてもらえればいいんだ。本を読んだ後、感想をEメールで送ってほしい。感想文が届いたら、次の本を買ってあげよう。ご褒美（ほうび）と言うのもなんだが、一冊本を読み終える度にお前名義の通帳に１万円ずつ積み立てておこう。感想文が10回届くごとに、賞与と言うのも変だが、さらに５万円プラスしよう。通帳は100冊読み終わった時点ごとに渡す。どうだ」

　お金が関わっているからかどうかは分からないが、とにかく倅からOKという返事をもらった。以来、もう三十三回も感想文をもらっている。「一月」という単位で言ったはずなのに、読書の深みにはまったのか、お金が目当てなのか加速度がついて猛スピード。本の選びは、全て私が決める。わざと、英和対訳の童話から買い与えている。(中略)… 自分の③必殺の目論見（もくろみ）が効いたのか、倅は変わり始めている。

(注1) 倅（せがれ）：息子

21　①それが悪いわけではないとあるが、筆者は学歴社会をどう見ているのか。

1　いい大学に入るために、あらゆる努力を惜しむべきだ。

2　いい大学に入るために、あらゆる努力をするのは当たり前だ。

3　いい大学に入るために、あらゆる努力をするのは理に適っている。

4　いい大学に入るために、あらゆる努力をするのも現実的に止むを得ない。

22　②無性にむかつくのだが、それと全く同じであるとあるが、それと関連性が弱いのはどれか。

1　ある結論に至るまでの十分な下調べと情報なしに、ある行動だけを要求するから

2　ある結論に至るまでの十分な説明がなく、自分の考えだけでものを言うから

3　ある結論に至るまでの説明と情報を根拠に、ある行動を勧めるから

4　ある結論に到達した経緯にはあまり触れず、自己主張ばかりするから

23　③必殺の目論見とあるが、最も近い意味は何か。

1　本を読まない息子に、無理にでも読書の重要性を把握させようとする親の気持ち

2　本が好きでない倅に、変わった刺激を与えてでも本に親しんでもらおうとする親心

3　本をよく読む息子に刺激を与えて、より本を読ませようとする父の気持ち

4　本をほとんど読まない倅に、貯蓄の重要性を知ってもらおうとする親心

24　筆者の提案を通してうかがえるのは何か。

1　筆者は金持ちであり、教育工学にも造詣が深い。

2　筆者は金にあまり困らないらしく、また子育てにも物質的支援を惜しまない。

3　学歴も否定はしないが、それより読書の重要性を切に感じている。

4　読書しないことに対する弊害を最小限にとどめようとする気持ちがうかがえる。

問題13 次は、夏休み健康特別講演会のご案内である。下の質問に対する答えとして、最も
よいものを１・２・３・４から１つ選びなさい。

25 山本義男さんは50代のサラリーマンで五十肩気味。お父さんは糖尿病を患っており、
お母さんは難聴がひどい。15日の講演は勤務日なので聞けないが、16日・17日は休み
を取り、18日は祭日だから、いろいろ聞ける。金曜・土曜は出張の予定が入ってい
る。お父さんもお母さんも、もう歳なので自分の車で同じ時間帯に連れて行きたい
と考えている。勿論、講演は低いレベルから順番どおり聞きたい。なお、午後３時
には会場を出発し、家に帰りたい。会場の区民会館はいろいろな施設があるため、
みんな待機時間はそれなりに過ごせる。山本さんがお父さんかお母さんを連れて講
演会に出られるのは何日と何日か。

1 15日・16日

2 16日・17日

3 16日・18日

4 19日・20日

26 お母さんは専業主婦で婦人病を心配している。長男の太郎君は小学３年生なのに肥満
気味で本人は勿論、家族みんなが心配している。次女の京子ちゃんは小学１年生で、
特に悪いところはないが、背が低くて悩んでいる。お母さんは自身に関する講演も、
子供に関する講演も、出来ればレベル通り聞きたいと思っている。家から会場までは
とても近いが、講演の時間があまりばらばらにならない方がいい。土曜日は用事があ
って参加できない。お母さんまたは子供たちが参加できる曜日は、何曜日と何曜日か。

1 月曜・火曜・土曜

2 月曜・火曜・木曜

3 月曜・水曜・木曜

4 月曜・水曜・金曜

夏休み健康特別講演会のご案内

時間		ルーム	15日(月)	16日(火)	17日(水)	18日(木)	19日(金)	20日(土)
午前	10:00 ～ 11:50	A	糖尿管理1	老人の難聴1	背が伸びる食事と運動2	子供の肥満予防2	高血圧の管理3	老人の難聴3
		B	老人の難聴1	背が伸びる食事と運動1	子供の肥満予防2	糖尿管理2	老人の難聴3	糖尿管理3
午後	1:00 ～ 2:50	A	背が伸びる食事と運動1	糖尿管理1	婦人病の予防2	老人の難聴2	背が伸びる食事と運動3	子供の肥満予防3
		B	子供の肥満予防1	五十肩の予防1	高血圧の管理2	五十肩の予防2	子供の肥満予防3	背が伸びる食事と運動3
	3:00 ～ 4:50	A	婦人病の予防1	子供の肥満予防1	老人の難聴2	背が伸びる食事と運動2	婦人病の予防3	無し
		B	五十肩の予防1	高血圧の管理1	五十肩の予防2	高血圧の管理2	糖尿管理3	
	6:00 ～ 7:50	A	高血圧の管理1	婦人病の予防1	糖尿管理2	婦人病の予防2	五十肩の予防3	
		B	無し					

※注意
1. 「子供の肥満予防」は、小・中学生を対象にし、保護者が一緒に受講しても構いません。但し、入場者数に限りがありますので、席が足りない場合は、保護者は外での待機となります。各ルームは50人までで、入場は先着順です。
2. 各講演は1・2・3からなり、2回ずつ曜日を変えて同じ講演を行いますが(計6回)、会場の関係で、5回で終わるものもありますので、この表をよくご覧になってください。

JLPT 급소공략 **N1 독해**

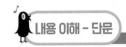

問題8 次の文章を読んで、後の問いに対する答えとして、最もよいものを1・2・3・4から一つ選びなさい。

　19年前、交通事故で脳をやられ、植物人間になったままベッドに寝たきりだった男の人が最近起きたという。驚いたことに、子供の時覚えた単語を殆んど記憶しているという。

　病院でもこれは奇跡だと言い、関連学会に報告をするとのことである。一体何が19年も眠り続けていた目を覚ませたのか、知る術はないが、19年間患者の母親が毎日看病し、手足を揉み言葉をかけたそうだ。母親の限りない愛が、患者の目を覚ませたとしか言いようがなさそうだ。誰かを真に愛することの素晴らしさを、この話を通してつくづく思い知らされた。

---

① 文中のつくづく思い知らされたのは何のことか。

　1 植物人間だった人がベッドから起きたこと

　2 植物人間だった人が子供の時覚えた単語を殆ど記憶していること

　3 母親の深い愛により、患者が奇跡的に起きたこと

　4 奇跡というものは存在するということ

たばこを吸う男性がどんどん減っている。健康は幸せの第一条件との認識が広がったゆえんと早とちりすることなかれ。たばこの値上がりという切実な問題を抱えての苦肉の策の結果と言えなくもないからである。「喫煙場所」ができたというのは禁煙区域が広がったことを意味する。ならば物理的に考えて、喫煙者が減りやすく、男性であれ、女性であれ共に喫煙者が減るべきなのに、男性の方が多いというのはどういうことだろうか。女性喫煙者より絶対数で多い男性の方で、喫煙に対する弊害などについての情報の交換が、より活発に行われているということではないだろうか。

2 この文章で筆者が最も言いたい内容は次のどれか。

1 たばこの値上がりが喫煙意欲を減退させたとは言い切れない。

2 男女における喫煙率の傾向の違いは、たばこに関するさまざまな情報の有無と関係がありそうだ。

3 男性で、健康を幸せの条件と認識する人が対女性比で高い。

4 男性が包み隠さずタバコを吸えるようになった歴史は女性よりずっと長い。

思えば、宇宙というものは謎に包まれたもので、我々一介の人間にどこまで解明できるものやら、判る術はないだろう。タイムリーに種を蒔き、程よい手入れをすれば、その種が持つ本来の遺伝情報通りの結果が得られる。例えば、スイカの種を蒔けば「甘み」を、唐辛子の種を蒔けば「辛み」を運んでくれる。地中や空中のどの辺にそれがあるか判らないが、種を蒔いて水と肥やしを与えれば、間違いなく期待通りの結果が表われる。得意な分野での創作という種を蒔いて、勤勉努力という滋養分を与えれば大概成功という結果になるのも同じ理屈かもしれない。

3 筆者の考えをまとめると、どうなるか。

1 大概、アウトプットされるものはインプットされたものに因る。

2 大概、インプットされるものはアウトプットされたものに因る。

3 大概、インプットしたものとアウトプットされたものは関連性が弱い。

4 一般の生活において勤勉努力は欠かせない。

　地上波・衛星波・ケーブルテレビ、またユーチューブなど、ありとあらゆる画面に接することができる今、時間が足りなくて見たいものが見られない時代となった。なのに、時として映画が見たくなるのはどうしてだろう。画面の大きさ？それとも音の大きさ？ チャンネルの数の多さとインターネットの発達で映画館はあまり利用されないだろう、と言われたことがあるが、依然(いぜん)頑張っていられるのは、なぜだろうか。時代の流れと共に、生き残るものと斜陽化(しゃようか)するものとがある。生き残れたものにはそれならではの魅力があるに違いない。やはり映画館の「迫力」という個性はテレビの画面が大きくなったところで追い付けるモノではなさそうだ。

[4]　文中の追い付けるモノではなさそうだとは何か。

1　映画館の大きさ

2　接することができる画面の数

3　映画の迫力

4　映画館の持ち味

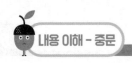

問題 9　次の文章を読んで、後の問いに対する答えとして、最もよいものを 1・2・3・4から一つ選びなさい。

　　外国語というと、とかく「英語」と思いがちですが、中国語もあれば、ロシア語もあり、スペイン語もその中に入ります。外国語を習う場合、「早く」、「正確に」マスターするための「方法論」についてもある程度、研究しておかないと能率が上がらないことがしばしばあります。外国語は、生まれながら聞かされ自然と身についてくる母国語とは違うからです。私は、外国語を習う場合、一番基本になるのが、その言語の発音だと思うのです。発音をしっかり身につけてこそ、その外国語を習う基本条件ができたと言えるわけです。次は、誰が何と言おうと基礎文法でしょう。文法というのは、その言語の一番根幹なわけで、そこを押さえておかないと、次へ移るのは難しいはずです。文法の後は、「語彙」の出番になります。

　　語彙というのは単語の集まりという意味で、語彙力がないと会話も聴解も上手くいくはずがありません。

　　外国語を学ぶ時、忘れがちなことは、今述べたような順を追うかどうかであるのに、とにかく「上手な会話」だけに焦点が置かれ、無計画に学習を進め失敗に終わる人がたくさんいます。発音・文法・語彙そして会話という順番が、一番理想的だと思うのは、別にちょっと考えて得たものではなく、18年も外国語の教育に携わって得た「知識」なのです。

　　①(　　　　　　　)の学習ですが、いろいろな方法がありますが、最もよく使われるものとしては本を読みながら単語を覚えていく「読解」が一番無難だと思うのです。

（上杉哲『外国語はどう習うべきか』による）

5 筆者が主張している外国語の学び方の順番は次のどれか。

1 発音－文法－語彙－会話

2 語彙－聞き取り－文法－発音

3 発音－文法－聞き取り－読解

4 発音－文法－聞き取り－熟語

6 ①(　　　　　)にはどの言葉が入るか。

1 読解

2 聞き取り

3 文法

4 語彙

7 筆者が強調している内容と関係が遠いのはどれか。

1 外国語は何よりも発音をしっかり見につけてから覚えるべきだ。

2 語彙を増やす方法は長い文章よりも短い文章の方がいい。

3 初めから上手な会話に焦点を置くきらいがあるが、あまり勧めたくない。

4 外国語の学び方にも、それなりの方法があり、その順番を守った方がより効果が上がる。

日本に1,000年に一度とか言われる巨大地震が起こった。同時に大津波が押し寄せ、かつてない大惨事となった。のみならず、海沿いにあった原子力発電所が崩壊し、放射性物質を撒き散らした。地元住民の困難はもちろんだが、電力不足により、電力需要が逼迫し(注1)経済界を巻き込んだ大問題となったことがある。

　そしてこの原子力発電所の事故により、脱原発の動きが世界的に広がっている。今後大きく期待されるものとして、太陽光発電、風力発電、地熱発電といった自然の力を利用した再生可能エネルギーがある。ただこれらは、出力変動が大きく、電力システムが不安定になるため、継続的な①導入が難しくなる。

　そのため、電力の安定的な供給を安価に、そして効率的に行うことが必要である。この電力ネットワークをシステム的に考案したものが②スマートグリッドというものである。これは、情報通信技術を駆使することによって、電力の需要と供給を常時最適にする、新しい概念の電力網のことである。

　またこのシステムを実現するためには、高性能で経済合理性にかなった蓄電器の開発が欠かせない。再生可能エネルギーが高性能蓄電器に蓄えられ、需要家が使っていない電力を他に回すことにより、有効利用が可能となる。

　そのため産官学(注2)が一体となって、その開発に勤しまなければならない。このことは同時に地球温暖化問題とエネルギー問題の解決にも直結するゆえ、国境を超えた③全ての英知(注3)を集めて取り組むべき課題である。

(注1) 逼迫する：全く余裕がなくなること
(注2) 産官学：産業界・政府や自治体・大学や研究機関
(注3) 英知：優れた知恵

8 ①導入が難しくなる理由は何か。

1 原子力発電に問題があっても、すぐに止められないから

2 太陽光発電は、場所の制限があるから

3 電気がいつでも安定的に生産できないため

4 電気の使用量が一定でないため

9 ②スマートグリッドとは何か。

1 電力の安定供給と最適化を実現するため、既に存在する発電施設と再生可能エネルギーを総合的にシステム化したもの

2 電力の安定供給と最適化を実現するため、原発を含む全ての既存の発電施設を安定化するもの

3 不安要素の多い原発施設をなるべく増設しないこと

4 電力の安定供給と最適化を図るために、二酸化炭素を一切出さない施設をつくること

10 ③全ての英知を集めて取り組むべき課題である理由として筆者の考えに最も近いものはどれか。

1 スマートグリッドは、原子力発電事故が起因となって始まったものであり、脱原発の動きは世界的なものであるゆえ

2 スマートグリッドシステムを実現するには、莫大な資金がかかるため

3 スマートグリッドシステムを実現するには、高性能な蓄電器の開発が必要であり、また地球温暖化の問題など、解決しなければならない難問が多いから

4 スマートグリッドシステムは、太陽光・風力・地熱などの力を利用するため、多くの人材が必要だから

日本がＯＥＣＤ34ヵ国の中で貧困率(相対的貧困率)が意外と高い順位になっている。一時期、ＧＤＰが世界第２位などと誇示してきた日本が、どうなっているのか。①相対的貧困率というのは、全国民の年収の半分値の50％以下の年収の人の総人口比を言うのである。その国の物価水準などが異なるため、単純な収入額などでは計れない。平たく言えば、生活が苦しく貧困だと感じる人がＯＥＣＤの中で多い方だということだ。これは大きな問題である。

　かつてはダイヤモンド型の所得構造で中間層が多かった。ところが今は三角形型の構造で底辺にいる貧困層の割合が圧倒的に多い。

　この原因には、日本の長期雇用慣行、つまり終身雇用制の廃止や非正規労働者の拡大が挙げられている。政治による経済の舵取り(注1)が日本型から欧米型に移ってきた。②日本的な経営スタイルの長所までなくしてしまったようである。

　日本は欧米とは違った歴史、文化を持っている。日本は元来、農耕文化に根ざした平等主義、助け合いの精神を持っている。ゆえにそれを土台にした成長なり発展なりは歓迎できるが、自分たちの先祖が育ててきた遺産までなくすのは問題である。

　明治以来、欧米に追いつけ追い越せ政策で歩んできた。

　しかし今経済大国となり、先進国の仲間に入った立場であり、これから新しい未来像を描くべきである。

　③日本古来の良き道徳観念を失わずに、より平等で格差の少ない経済社会を作っていかねばならない。

(注1) 舵取り：舵を使って船の進路を定めること。つまり物事がうまく運ぶように誘導、指揮すること

11　①相対貧困率とはどういうことか。

1　国民が１年かけて働いた稼ぎの25％以下の収入の人の総人口比

2　全国民の平均収入の50％以下に満たない年収の人の総人口比

3　自宅を持っている人の収入の半分にも満たない収入の人の総人口比

4　失業保険を受給している人の総人口比

12　②日本的な経営スタイルとは何か。

1　成果主義制度に基づき中途退職者も多くなる雇用制度

2　入社したら退職するまで同じ会社で働ける雇用制度

3　終身雇用制を維持しながらも非正規労働者が多い雇用制度

4　長期雇用慣行と成果主義雇用制の中間的な雇用制度

13　③日本古来の良き道徳観念とはどういうものか。

1　先進国に追いつき追い越そうとする競争精神

2　不平等と格差社会から立ち直ろうとする反骨(はんこつ)精神

3　農業社会としてお互いに協力し補い合う互助(ごじょ)精神

4　農業文化に根ざした権力主義および競争し合う土着精神

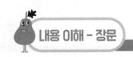

問題10　次の文章を読んで、後の問いに対する答えとして、最もよいものを１・２・３・４から一つ選びなさい。

　我々日本人を西洋人が見た場合、何が思い浮かぶだろうか。まず背が低いという身体的特徴があるだろう。最近の日本人の身長は、だいぶ伸びてきているし、体格もかなりよくなった。とはいえ、西洋人との差はそれほど縮まっていない。また髪の毛が黒一色（くろいっしょく）というのと、瞳がブラウン一色。これも非常に異様であると、口をそろえて言っている。

　ほかにまた何があるだろうか。西洋人の知人に聞くと、会話をする時、声が小さいというのと仕種をあまり使わないという返事も返ってくる。毎朝昇る太陽のありがたさを知らないように、私たちは常日頃（つねひごろ）接しているものから特別何かを意識するのは難しいかもしれない。①そこから一歩離れることによって全容（ぜんよう）が掴（つま）みやすくなるし、その中に入っている自分の姿も見えてくるものではないだろうか。

　日本に生まれ、日本で育ち日本の社会で生きていくというのは、ある意味では日本人の特性などに気付く機会すらないのかもしれない。人間、遠くの人と交際し遠くからやって来た人と交わり、あるいは遠方（えんぽう）へ行って触れ合ってはじめて②自分が見えてくるものだと思う。修学旅行を実施するのも「他」を知る以上に「自（じ）」を顧（かえり）みる目的も大きいからだろう。

　日本語の解（わか）る外国人とお酒のつまみに日本人論を出すと意外と面白い話をたくさん聞かせてもらえる。外国語というのは、その言語を使わないところでは「かなりの実力をつけるのは難しい」とは限らないけれども、少なくとも数の上ではその国へ行っているか住んでいた経験のある人の方が優（まさ）るとも劣（おと）らず（注1）なのは確かであろう。③もし、そうであるならば、日本語が堪能（たんのう）な（注2）だけ彼らの日本に対する理解度も高いということが言える。勿論、どこまで普遍性を持つかはいささか疑問が残るにしても。

　聞いていて耳が痛くなるもう一つの話が、日本人は相手への褒め言葉をあまり言わないということである。これまた数人の見解なのでどこまで普遍妥当（ふへんだとう）なのか

は解らないが、何人からも同じことを言われるとそうも思えるものだ。褒めないことのどこが悪いかと反問したところ、「褒めることを知らないということは認めることを知らないのと同じだ。認めないということは、自分も認められない訳で結局は自分の発展に繋がらない」というのである。

　輸出額、GDPの規模など経済面においても各種文化施設の数においても西洋のどの国と比べても遜色ないぐらい成長した日本ではあるが、近現代の文明を率いる中心軸の西洋に学ぶべきところは決して少なくない。勿論、全ての事象において彼らが物差しになるとは言いがたいが、一つの例としてノーベル賞の受賞者だけとってみても西洋の実力を認めざるを得ない。だから、彼らの考え方が妥当性が高いとは一概には言えないが、彼らの意見を参考にするのはそれなりの意義があると思う。

　とすれば、称賛できない国民性というものを持っているということになる。ならば、どうしてそういう行動様式を持っているのだろうか。嫉妬心が先に出てしまって素直に称えられないとしか言いようがないのではないだろうか。成功者を称賛できないとゆくゆく自分の発展も望めないというからこそ、耳を貸し重く受け止める必要があると思うのである。

(注1) 優るとも劣らず：同等かそれ以上
(注2) 堪能な：とても上手な

14　①そこからとあるが、どこを指すか。

1　自分自身が住んでいる日本というところ

2　普段意識的な努力をしてもなかなか見えてこない環境

3　常日頃接していて、特別意識しづらいところ

4　全容が掴みやすいありがたい環境

15 ②自分とあるが、誰のことか。

1 自分自身のことにあまり気付いていない筆者

2 西洋人のことにあまり気付いていない筆者

3 自分自身のことにあまり気付いていない日本人

4 自分自身のことにあまり気付いていない人

16 ③もし、そうであるならばとあるが、何を指すか。

1 日本語の解る外国人とお酒のつまみに日本人論を出すと、意外と面白い話をた
くさん聞かせてもらえるならば

2 外国語というのは、その言語を使わないところでは「真の実力をつけるのは難し
い」とは限らないならば

3 少なくとも数の上ではその国へ行っているか住んでいた経験のある人の方が優
るとも劣らずならば

4 飲み交わす人の日本語力ならぬ日本を見る力には一見識が確かにあるならば

17 この文章で筆者が最も述べたいことは何か。

1 西洋人の意見を参考にするのはそれなりの意義がある。

2 近現代の文明を率いる中心軸の西洋に学ぶべきところは決して少なくない。

3 称賛できない国民性を何とかしなければならない。

4 成功を望むならまず成功者を称えることが大事だ。

問題11 次のＡとＢのコラムを読んで、後の問いに対する答えとして最もよいものを１・２・３・４から一つ選びなさい。

Ａ

　　○○山のロープウェイの建設をめぐって県と市民団体が対立しているというニュースに接し、県民の一人として市民団体の経済観念の薄さに、失望を超えて正直、怒（いか）りを禁じ得ない。私たちの△△県は全国でも失業率が高いことで有名なのに、せっかくの政府の支援を拒む理由が一体どこにあるのか理解ができない。政府と観光業界の関係者、また学界の有識者らが、観光産業を活性化させようという正当な目的の下、進めようとする事業に反対の声を上げる人間は本当に同じ県の人間なのか疑いたくなる。勿論、彼らが言っている環境破壊だの何だのということにも全然無関心なわけではない。しかし、今私たちの県は、繊維産業の衰退（すいたい）で、職を求めて県を離れる人が増えているというのに、千載一遇（せんさいいちぐう）のチャンスを自ら逃してもいいのか、本当に腹立たしい。市民団体はもっと現実を直視せねばならない。

Ｂ

　　○○山の山頂にロープウェイの建設をすれば、観光業界にも新風（しんぷう）が吹き、仕事口も増え、いくらか県に活気が戻るのは認める。しかし、その効果は微々（びび）たるものに過ぎない。また○○山登山をする人にアンケートをとっても、「みどり豊かなそのままの自然があるから」が一番多いところをみてもわかるように、人間の手をなるたけ加えないことが大事である。賛成者は、「景気活性化のためには必要だ」と言っているが、ロープウェイ一つで、経済的プラス効果がどれだけ上がるか疑わしい。「隣の県にもあるじゃないか」と唱（とな）える人もいるが、それは今ほど自然保護、環境問題が騒がれなかった時代的雰囲気に助けられただけの話で、今はすんなりと決めるわけにはいかない。建設は中止すべきである。

18 ロープウェイの建設について、AとBはどんな態度をとっているか。

1 Aは基本的に反対の立場で、Bは積極的に賛成している。

2 Aは積極的に賛成の立場で、Bは消極的に反対している。

3 Aは積極的に反対の立場で、Bは消極的に賛成している。

4 Aは積極的に賛成の立場で、Bは積極的に反対している。

19 AとBのどちらの意見にも触れられている内容はどれか。

1 ロープウェイを建設すれば経済的効果はある。

2 ロープウェイを建設すれば観光客は増える。

3 ロープウェイを建設しても経済的効果は全くない。

4 環境保護の必要性も感じてはいる。

20 ロープウェイの建設についてのAとBの主張の組み合わせとして適切なのはどれか。

1 Aの主張：市民団体の生温い態度に不満だ。

   Bの主張：隣の県もロープウェイをつくって潤っているから、私たちの県も急ぐべきだ。

2 Aの主張：失業率が高いことを考えると、建設を急ぐべきだ。

   Bの主張：ロープウェイ一つで観光業界に新風は吹かない。

3 Aの主張：環境破壊のことにも関心を持ってはいる。

   Bの主張：ロープウェイ一つで経済的プラス効果はあまり期待できない。

4 Aの主張：千載一遇の機会を逃してはいけない。

   Bの主張：よりみどり豊かな自然にしていかないといけない。

問題12　次の文章を読んで、後の問いに対する答えとして、最もよいものを１・２・３・４から一つ選びなさい。

　どこの国を問わず、今地球村は離婚率の増加に頭を悩ませている。主要先進国の離婚率は、結婚した10カップルのうち、３カップル以上という報告もあるくらい高い。夫婦の離婚は家庭の平和を壊すばかりか、ひいてはその社会や国の健全性にも悪い影響を及ぼしかねない。また、離婚による社会的負担も増しやすい。例えば、母子家庭への支援などが国の財政を悪化させることだってありうるからである。

　離婚は、かつてはどこの国も極めて少なかった。例えば、日本・中国・韓国のような儒教思想の強い地域では、女性の再婚を根本的に出来ないようにする、社会的雰囲気が強く、結果として離婚を抑制することにつながったと言えよう。

　では、どうして①離婚率が高くなったか、なのだが、一般にフェミニズム、つまり女権伸張によるところが大きいと言われる。しかし、少し見方を変えれば過去に比べ、運命決定論よりも②運命可能論を信じる人が増えたからではないかと、言えなくもなさそうだ。前者は、自分の運命を人為的に変えられないと、放棄することを言い、後者は努力によって運命を変えられるものとみることを言う。

　女性の社会参加の拡大も離婚率を高める原因の一つと言えよう。かつては、夫に経済的な面を全面的に頼らざるを得なかったが、今は女性もけっこう経済力を持てるようになり、夫に頼らなくてもなんとかなる時代になってきたのである。

　何はともあれ、離婚率が急増する最大の原因は、開けてきた社会的雰囲気に便乗し、夫婦同士が互いに真に愛し合わないところにあるような気が強くする。夫は妻に、妻は夫に尽くしてはじめて平和な家庭が保てる。特に最近は、経済的不満によって別れるケースが目立っているが、別れてしまっても経済的問題はなかなか解決しない。解決どころか、かえってこじれやすいからこそ警戒しなければならないのである。③カマド(注1)が一つから二つに増えると、あらゆる支出も同時に増加するのは理屈でも何でもない。

離婚率の増加は、二人の間で生まれた子供に心的・物的悪影響を及ぼしやすく、現に問題となる児童の多くは家庭の崩壊が原因である場合が少なくない。ここに離婚率増加の深刻性があると言わざるを得ない。家庭内の問題による不登校、学習動機の低下、非行など、離婚による二次的不祥事が続けて起きやすい。子供のないうちの離婚はまだ救いようがあるかもしれないが、二児も三児ももうけての離婚はほぼ災難に等しい。当事者二人の不幸にとどまらず、不幸を受け継がせるところに、問題の深刻性が潜んで(注2)いるわけで、だからこそどうにかしてでも防がなければいけない。家庭平和を守れる唯一の道は、健全かつ清い愛は基本で、勤勉努力する夫婦像を描いていくことにあると思うのである。教鞭を取って(注3)四半世紀。家庭に問題がある生徒の指導に当たる度に胸に刺さる思いである。

(注1) カマド：所帯・暮らし
(注2) 潜む：隠れている
(注3) 教鞭を取る：先生になる

21　①離婚率が高くなったのはなぜか。

　1　過去に比べ、運命可能論を信奉する人が減ったので

　2　過去に比べ、運命決定論を信奉する人が増えたので

　3　自分の人生を自分の力で切り開いていけると思う女性が増えたので

　4　女性の社会運動が広がったので

22 ②運命可能論とあるが、この文章によるとそれは次のどれに当たるか。

1 運命は人為的努力によって、よくすることができるという考え方

2 運命は人為的努力をしても、変えることができないという考え方

3 運命は努力だけではよくならず、運も必要という考え方

4 運命は神によって、もうすでに決められているという考え方

23 ③カマドが一つから二つに増えると、あらゆる支出も同時に増加するのは理屈でも何でもないとあるが、どういう意味か。

1 カマドを一つから二つに増やすと、工事費がかかるというのは言うまでもない分かりきったことだという意味

2 カマドを一つから二つにすると、工事費はかかるが、その分家計がよくなったという意味なのは言わなくても分かるということ

3 所帯をかけ持ちすると、すべてにおいて支出が増えるというのは言わなくても分かるということ

4 別れて暮らすと、すべてにおいて支出が増えるというのは言うまでもない分かりきったことだという意味

24 この文章で筆者が最も述べたいのは何か。

1 最近離婚が増えてきたのは、経済的問題によるところが大きい。

2 フェミニズムの普及が離婚率を高めたのは否めない。

3 教師として問題生徒の指導に当たるたびに離婚の怖さを味わうので、それを防ぐべく、地域社会が努力しなければいけない。

4 二次的不祥事を招きやすい離婚を防ぐために、望ましい夫婦のありかたを築かなければならない。

問題13 次はアルバイトの求人情報誌の一部である。下の質問に対する答えとして最もよい
ものを１・２・３・４から一つ選びなさい。

25 Aさんは、月曜から金曜まで、小さな工場で働いているが、週末（土・日）だけのア
ルバイトをして副収入を得たいと思っている。給料は当日払いを希望する。勿論、
収入は多いにこしたことはないが、ただ、夜の仕事は苦手である。Aさんが求めて
いる、最もふさわしいアルバイト先はどこか。

1　株式会社キャリアロード新宿支店

2　三愛ビルサービス(株)

3　株式会社ＬＣモックス

4　(有)ラクラク

26 Bさんは、数ヵ月前まで会社の経理部で働いていたが、突然の倒産で今失業中であ
る。新しい経理の仕事が見つかるまで、アルバイトでもしてなるべく貯金を減らさ
ないようにしたいと考えている。事務職でなくてもかまわないが、ただ、汚れるよ
うな仕事は避けたいと思っている。また、新しい経理の仕事が見つかれば、いつで
も辞められるアルバイトがほしい。Bさんに一番ふさわしいアルバイト先はどれか。

1　株式会社キャリアロード新宿支店

2　三愛ビルサービス(株)

3　株式会社ＬＣモックス

4　(有)ラクラク

株式会社キャリアロード新宿支店

仕事： スポーツブランドのアパレル・靴・化粧品等の値札付着、仕分けの軽作業

時間と曜日： ① 8：00～18：00（時給1000円 / 日払い・週払い可能）

② 20：00～翌 5：00（時給1200円 / 週払い）＊休憩 1 時間有り

③ 月曜～金曜まで勤務（但し、金曜は夜間作業無し）＊土日は休み

条件： 未経験者大歓迎（男 / 女）＊たった一日勤務でもOK！

三愛ビルサービス(株)

仕事： 当社取引先のコンビニ・喫茶店・ビジネスホテルでのお掃除（作業着毎日支給）

時間と曜日： ① 20：00～翌 6：00（時給1250円 / 月払い）＊休憩 2 時間有り

② 祝祭日を除き、毎日勤務

条件： 未経験者大歓迎（男 / 女）

株式会社ＬＣモックス

仕事： 家電品、PCパーツの検品作業（作業着支給及び銭湯代は別途支給）

時間と曜日： ① 9：00～18：00（時給1100円 / 月払い）＊休憩 2 時間有り

② 14：00～22：00（時給1150円/月払い）

＊食事時間と休憩時間合わせて90分有り

③ 月曜～土曜まで勤務（日曜・祝祭日は休み）

条件： 未経験者もOK。男女可能だが、夜間は男性のみ。最低 1 ヶ月以上勤務を希望。

(有)ラクラク

仕事： スマートフォン関連パーツの検品、箱詰め、入出荷のチェック等

＊作業後の入浴の 1 時間も勤務時間として計上

時間と曜日： ① 9：00～18：00（時給1000円 / 日払い・週払い可能）＊休憩90分有り

② 14：00～22：00（時給1150円・週払い・夕食提供）

＊食事時間と休憩時間合わせて90分有り

③ 祝祭日以外は、毎日勤務

条件： 未経験者もOK。男女可能だが、夜間は男性のみ。最低 1 ヶ月以上の勤務を望む。

정답과
해석

JLPT 급소공략 **N1 독해**

내용 이해 - 단문

문제 8　다음 문장을 읽고, 다음 질문에 대한 답으로써 가장 적절한 것을 1·2·3·4에서 하나 고르시오.

　스모(注1)는 일본을 대표하는 국기(国技)이다. 몇 백 년의 역사를 지닌 일본 고유의 스포츠이다. 스모와 비슷한 경기는 세계 여러 나라에도 있지만, 일본만큼 국민적인 지지를 얻고 있는 나라도 적지 않을까 하고 생각된다.

　1년에 6회, 15일간씩 전국 주요 도시에서 '바쇼'(注2)가 열리는데, 시합이 열리면 국민의 관심도 쑥 올라간다. 프로야구와 겹치는 시기라도 그 기세는 식을 줄을 모르기 때문에 국민의 통합을 상징하고 있기라도 한 것처럼 생각되는 것이다.

(注1) 相撲 : 두 명의 씨름꾼이 씨름판 위에서 쓰러뜨리거나 씨름판 밖으로 밀어내거나 하는 것에 의해 승부를 결정짓는 일본 예로부터 내려오는 경기

(注2) 場所 : 스모 대회가 열리는 곳

1　스모에 대해서 필자는 어떻게 생각하고 있는가?

　1 스모는 일본 이외에도 있는 경기이다.

　2 스모와 더불어 프로야구에도 흥미를 가지고 있다.

　3 스모를 좋아하는 국민이 적지 않다.

　4 스모는 일종의 국민을 단결시키는 그런 존재이다.

相撲 스모 | 代表する 대표하다 | 国技 국기 | 歴史 역사 | 固有 고유 | 似る 닮다 | 競技 경기 | 国民的 국민적 | 支持 지지 | 得る 얻다 | 主要都市 주요 도시 | 場所 바쇼, 스모 대회가 열리는 장소 | 開く 열다 | ぐっと 쭉, 쑥 | ダブる 겹치다 | 時期 시기 | 勢い 기세 | 冷める 식다 | 統合 통합 | 象徴する 상징하다 | 力士 씨름꾼 | 土俵 씨름판 | 倒す 넘어뜨리다 | 勝負 승부 | 古来 고래 | あわせて 더불어, 동시에, 함께 | 興味 흥미 | 一種 일종 | 団結する 단결하다

가전제품이라는 말이 태어난 것은 이미 오랜 옛날 일이다. 그 범위도 라디오·텔레비전·냉장고 따위에서 전자레인지·에어컨·나아가서는 컴퓨터에 이르기까지 종류도 확대되었다. '가전제품=생활필수품'이란 뜻으로 그 어느 것도 없어서는 안 되는 필수 물건들이지만, 그 중에서도 냉장고가 없었던 시절에는 어떻게 음식을 관리하고 가족의 건강을 지켰는지 신기하기 그지없다. 음식을 만들어 이틀만 상온에 놔두면 맛이 변해 버리는데, 용케도 옛날 사람들은 생활의 지혜가 있었구나 하고 생각하게 된다. 할머니께 그 요령을 물었더니 이것저것 건조시켰지만, 그것보다도 낭비 없이 만들었다는 말을 듣고 이해가 되었다(注1).

(注1) 合点がいく : 납득이 되다

2 이 문장에서 필자가 가장 말하고 싶은 것은 무엇인가?

1 가전제품의 종류와 건강의 중요성

2 가전제품의 역사와 종류의 확대

3 잘 말려 먹었던 생활의 지혜

4 필요 이상으로 만들지 않는 생활의 지혜

家電製品 가전제품 | 随分 몹시 | 範囲 범위 | 電子レンジ 전자레인지 | エアコン 에어컨 | 更に 더더구나, 더욱더 | 至る 이르다, 도달하다 | 品数 물건의 종류 | 広がる 넓어지다, 확대되다 | 必需品 필수품 | 必須 필수 | 品々 물건들 | 飲食 음식 | 管理する 관리하다 | 保つ 유지하다 | 不思議だ 불가사의하다, 신기하다, 희한하다 | 常温 상온 | よくも 잘도, 용케도 | 知恵 지혜 | コツ 요령 | 乾燥する 건조하다 | 無駄なく 낭비 없이 | 合点 납득, 수긍 | 納得 납득 | 種類 종류 | 拡大 확대 | 干す 말리다

이혼율의 상승이 인구 성장을 막고, 나아가서는 사회의 안정을 저해할(注1) 가능성이 높다는 기사를 읽고 놀라움과 함께 그렇겠다는 느낌이 들었다. 가임 여성의 인구가 감소하고 있다고 하는 이야기가 나온 지도 꽤 오래 전의 일. 가뜩이나 인구 감소가 염려되고 있는데, 임신할 수 있는 여성이 결혼생활을 하지 않음에 따른 출생률의 저하가 점점 인구 감소로 이어진다는 것이다. 불경기라서 이혼율이 올라가고 이혼율이 올라가니 더욱 아이가 태어나지 않게 된다. 속된 표현을 하자면 더블 펀치를 맞은 것 같다고 말해도 될 것이다. 악순환의 전형이라고 말해도 과언이 아니라고 생각되었다.

(注1) 阻害する : 방해하다

3 문장 안의 더블 펀치란 무엇인가?

1 불경기와 취업률의 저하

2 불경기와 결혼 문제

3 불경기와 인구 감소

4 불경기와 사회의 불안

離婚率 이혼율 | 上昇 상승 | 成長 성장 | 妨げる 방해하다, 저해하다 | 行く行く 나아가서는, 장차, 언젠가는 | 安定 안정 | 阻害する 저해하다 | 記事 기사 | なるほど 과연, 그렇구나 | 感じがする 느낌이 들다 | 妊娠 임신 | 減少 감소 | ただでさえ 가뜩이나 | 懸念される 염려되다 | 出生率 출생률 | 低下 저하 | 段々 점점 | つながる 이어지다, 연결되다 | 不景気 불경기 | ゆえに 고로 | 余計 오히려, 더더구나 | 俗的な 속적인, 속된 | ダブルパンチ 더블 펀치 | 食らう 맞다, 받다 | 悪循環 악순환 | 典型 전형 | さしつかえる 지장이 있다 | 就職率 취업률

연초 인사를 드려야 함에도 상중인 관계로 실례를 끼칩니다.

10월(注1)에 아버지 히로유키가 83세로 영면하셨습니다.
평소의 교의, 배려에 깊이 감사드림과 동시에
새해에도 더욱 건승하시고 발전이 있으시기를(注2) 빕니다.

헤이세이 00년 12월

(注1) 神無月 : 음력 10월의 이칭
(注2) あらんことを : 있으시기를

---

4 이것은 다음 중 무엇에 해당하는 것인가?

1 잔서(늦더위) 문안 엽서

2 신년을 축하하는 연하장

3 복중 문안 엽서

4 집에 불행이 있어, 근신 중이라는 것을 알리는 엽서

年頭 연두, 연초 | ご挨拶 인사 | 申し上げる 말씀드리다 | 喪中につき 상중이므로, 상중인 관계로 | 神無月 (음력, 양력) 10월 | ～にて ～로 | 永眠する 영면하다 | 平素 평소 | ご交情 교의(交誼), 정다운 교류 | ご高配 (당신의 높으신) 배려 | 深謝 깊은 감사 | 新年 신년 | ご健勝 (당신의) 건강이 더욱 좋아짐. 건승 | ご発展 (당신의) 발전 | あらんことを 있기를 | 祈る 기원하다, 빌다 | 平成 헤이세이(2018년 현재의 일본의 연호) | 陰暦 음력 | 異称 이칭 | 残暑 잔서, 늦더위 | お見舞い 문안 | ハガキ 엽서 | 祝う 축하하다 | 年賀状 연하장 | 暑中お見舞い 복중 문안 | 謹慎 근신

문제 9 다음 문장을 읽고, 다음 질문에 대한 답으로써 가장 적절한 것을 1・2・3・4에서 하나 고르시오.

　나이프 등을 사용한 청소년에 의한 살상 사건이 종종 매스컴에서 보도되고 있다. 게다가 그 범죄의 대상이 구체적인 특정 인물이 아니라 사회 일반을 향하고 있다. "누구라도 좋으니까 죽이고 싶었다. 그리고 자신도 죽고 싶었다"고 하니 골칫거리다. 근래 들어 특히 젊은이들의 ①범죄의 동기가 달라지고 있다.

　젊은이를 둘러싼 환경 속에 범죄의 동기가 되는 원인이 있다고 생각된다. 먼저 가정 환경을 볼 때 부모가 이혼했거나, 가족의 불화나 다툼이 끊이지 않거나 하면 문제가 된다. 또 가정 사정 등을 생각하면 부모가 일에 쫓겨서 아이를 봐 줄 시간이 없거나 대화가 적다는 등의 이유를 생각해 볼 수 있다. 또 리스트러 등에 의한 경제적 빈곤이나 격차도 그 한 원인으로 그들의 불만은 사회로 향하게 된다.

　한편 일본의 경우 학교에도 어려운 문제가 산적해 있다. 애당초 학교란 교과목만을 가르치는 곳이 아니다. 인생을 가르치고 윤리 도덕을 배우는 곳이기도 하다. 그러나 지금의 학교 교육에서는 그러한 인간교육을 할 수 없다. 교사의 자질도 있겠지만 교육자의 노동자 의식도 문제다. 물론 모두가 전부 그렇지 않다고 생각하지만 교사인 자는 청소년의 삶의 방식이나 사물을 보는 방법, 사고방식 등을 가르치는 데 있어서의 표상이 되어야 하는데 ②그것을 할 수 없다.

　그러한 가정 및 사회 환경이나 교육 환경의 열악함이, 이전보다 더 늘어나서 불안한 청소년을 만들고 있다. 그리고 그것이 사회에 대한 막연한 불만, 원망이 되어 범죄로까지 이어지고 있는 것이라고 생각된다.

　미래를 짊어질 청소년들이 활기차지 않으면 안 되며, 가정 환경, 거기에 연결되는 사회 경제 환경 그리고 학교 교육 환경의 개선이 시급하다.

(세키 쓰네오「미래를 되돌아보다」에서)

---

5 ①범죄의 동기가 변하고 있다라고 되어 있는데, 그 이유로서 필자의 생각에 가까운 것은 어느 것인가?

　1 청소년 시절은 어느 시대라도 가정이나 학교, 사회에 불만을 가지기 쉽기 때문에

　2 젊은이들을 둘러싼 환경으로의 막연한 원망이 강해지고 있기 때문에

　3 가정이나 학교 그리고 사회라는 환경의 변화가 심하기 때문에

　4 청소년 범죄의 방지에 대처하는 사람들이 주위에 적기 때문에

6 ②그것을 할 수 없다라고 되어 있는데, 왜 할 수 없는 것인가?

　1 청소년의 삶의 방식이나 사고방식이 변해 왔고, 교사가 (거기에) 따라가지 못하기 때문에

　2 학교 수업 중에 윤리 도덕의 시간이 부족하기 때문에

　3 교사 자신, 젊은이에게 가르칠 수 있는 내용도 별로 없고, 돈을 위해 일하는 사람이 많기 때문에

　4 교사의 자질 저하와 노동자 의식이 다소 결여되어 있기 때문에

이 문장을 통해서 필자가 주장하고 싶은 것은 무엇인가?

1 가장, 사회, 학교 환경 등이 더 이상 나빠지지 않도록 이혼이나 리스트러 및 학교 중퇴 등을 사회 전체에서 막아야 한다.

2 미래를 짊어질 청소년들이, 활기찬 인생을 보낼 수 있도록 그들을 위하여 청소년 범죄에 대한 연구를 깊게 해나갈 필요가 있다.

3 가정이나 사회, 학교 환경이 좋지 않기 때문에 동기 없는 살인을 낳고 있다. 이것들을 개선해서 청소년이 보람을 가질 수 있도록 하지 않으면 안 된다.

4 가정 및 사회나 교육 환경의 나쁨이 불안한 청소년을 만들고, 범죄로 이어지고 있다. 형벌을 좀 더 무겁게 해 나가지 않으면 해결할 수 없을 것이다.

青少年 청소년 | 殺傷事件 살상 사건 | たびたび 번번이, 자주 | マスコミ 매스컴 | 報道する 보도하다 | 犯罪 범죄 | 対象 대상 | 具体的 구체적 | 特定人物 특정 인물 | 一般 일반 | 向ける 돌리다 | 殺す 죽이다 | 始末が悪い 죄질이 나쁘다, 더 골칫거리다 | 若者 젊은이 | 動機 동기 | 取り巻く 둘러싸다 | 環境 환경 | 不和 불화 | 争い 다툼, 분쟁 | 絶える 끊어지다 | 事情 사정 | 追う 쫓다 | 対話 대화 | リストラ 리스트러(기업의 인수·합병, 부실 부문 정리, 인원 감축 등을 통한 기업의 재구성) | 貧困 빈곤 | 格差 격차 | 一因 일인, 한 원인 | 不満 불만 | 難問 어려운 문제 | 山積する 산적하다 | そもそも 원래, 애당초 | 教科目 교과목 | 場 장, 곳 | 倫理 윤리 | 道徳 도덕 | 学ぶ 배우다 | 資質 자질 | 労働者意識 노동자 의식 | 教師たるもの 교사인 자 | 見つめる 응시하다 | 要 가장 중요한 대목, 요점 | 及び 및 | 悪さ 나쁜 정도 | 増す 많아지다, 늘어나다 | 漠然とした 막연한 | 恨み 원망 | 担う 짊어지다 | 生き生き 생생하게, 활기차게 | 改善 개선 | 急務 급선무 | 激しい 심하다 | 防止 방지 | 周囲 주위 | ついていく 따라가다 | 不足する 부족하다 | やや 약간, 조금 | 欠如する 결여되다 | 中退 중퇴 | 深める 깊게 하다 | 殺人 살인 | 生きがい 보람 | 刑罰 형벌

---

①큰 정부가 좋은가 아니면 작은 정부가 좋은가 지금 다시 논의의 대상이 되어 있다. 작은 정부란 재정 규모에서 기구까지 모두 작게 하여 지방의 충실과 확대를 꾀하는 것이다. 규제를 되도록이면 완화하여 자유 경쟁을 촉진하는 것이다.

반대로 큰 정부란 기본적으로 재정 규모를 크게 하고 국가 기구도 충실하게 한다. 지방 의존도는 당연히 낮아진다. 시장 경제 원리에만 기대지 않고 때에 따라 정부가 시책을 강구해 가는 것이다.

결론적으로 크지도 작지도 않은 중간적인 정부가 좋다고 생각한다. 너무 자유 경쟁 원리를 우선시키면 약육강식의 살벌한 사회가 되기 때문이다.

물론 노력하여 타기업보다도 고품질, 높은 서비스를 실현하고 기업 가치를 높여가는 것은 당연하다. 그러한 노력과 경쟁이 없으면 구 공산주의 체제와 같은 ②효용 가치가 적은 물건만 만들어 버릴지도 모른다.

그러나 자유 경쟁에 패배한 기업은 리스트러해서 많은 실업자를 발생시킨다. 그리고 소득 격차에서 사회 불안이 늘어나게 되어 다양한 폐해를 불러온다.

그런 의미에서 이 두 가지의 시스템의 장점을 합쳐서 가는 경제 시스템, 정부 방식이 바람직하다.

그러나 유감스럽게도 결국은 어느 쪽인가로 기울어 갈 것이라는 생각도 있을 것이다.

그래서 대(大)냐 소(小)냐가 아니라 중립을 지켜 나가는 조정 시스템이 필요하게 된다.

즉 자유 활달한(注1) 경제 시스템을 추진하면서도 정부가 조정자 역할에 서서 약자를 원조해 갈 수 있는 강한 공적 시스템이 요구되고 있다.

(세키 쓰네오 「미래를 되돌아보다」에서)

(注1) 闊達な : 성격이 밝고 무언가에 구애받지 않는 모습

---

8 ①큰 정부의 아래에서는, 어떤 사회가 실현되는가?

1 소득 격차도 적고 평등하며 사회 불안도 적지만, 지방의 독자성도 약해서 자칫하면 경쟁심이나 노력 향상심이 약해지기 쉬운 사회

2 자유 경쟁 원리 아래, 노력을 거듭해 고품질, 높은 서비스의 경제 사회를 낳기 쉽지만, 소득 격차가 증대해서 사회 불안이 늘어 가는 사회

3 국가 재정이나 기구도 커지고 자유 경쟁 사회가 실현되어, 경제 격차도 커지는 사회

4 지방의 독자성이나 의존도가 늘어남과 동시에 경제 격차를 적게 하기 위해, 다양한 규제를 해 나가는 사회

9 ②효용 가치가 적은 물건이란 어떤 것이라고 생각할 수 있는가?

1 사용해 보고 효과가 바로 나타나지 않는 제품

2 용도가 분명하지 않은 제품

3 가격이 비싸고 그다지 인기가 없는 제품

4 사용하는 사람의 만족도가 낮은 제품

10 이 문장을 통해서 필자가 말하고 싶은 것은 무엇인가?

1 모든 것에는 일장일단이 있고, 완벽한 것은 없기 때문에 자신이 좋다고 생각하는 쪽을 확실히 정해서 갈 필요가 있다.

2 큰 정부에도 작은 정부에도 각각 장단점이 있으므로, 어느 쪽인지 한쪽을 선택하는 것은 매우 어려운 일이다.

3 큰 정부도 아니고 작은 정부도 아니 중간의 정부가 바람직하다. 그 이유는 경제 격차를 낳지 않기 때문이다.

4 큰 정부의 결점을 가능한 한 계속 억제하고 작은 정부의 장점을 늘려나갈 수 있는 정치 경제 시스템이 바람직하다.

政府 정부 | 再び 다시 | 論議の的 논의의 대상 | 財政 재정 | 規模 규모 | 地方 지방 | 機構 기구 | 充実 충실 | 図る 꾀하다, 도모하다 | 規制 규제 | 緩和する 완화하다 | 促進する 촉진하다 | 基本的 기본적 | 依存度 의존도 | 市場経済原理 시장 경제 원리 | 頼る 의지하다 | 時に応じる 때에 따르다 | 施策 시책 | 講じる 강구하다 | 中間的 중간적 | 自由競争 자유 경쟁 | 優先する 우선하다 | 弱肉強食 약육강식 | 殺伐とした 살벌한 | 高品質 고품질 | 高サービス 높은 서비스 | 実現する 실현하다 | 価値 가치 | 高める 높이다 | 旧共産主義体制 구 공산주의 체제 | 効用 효용 | 敗北する 패배하다 | 失業者 실업자 | 所得 소득 | 弊害 폐해 | もたらす 초래하다 | 長所 장점 | あり方 현재의 형상 | 望ましい 바람직하다 | 残念ながら 유감스럽게도 | 傾く 기울다 | 守り抜く 끝까지 지키다, 지켜 내다 | 調整 조정 | 闊達な 활달한 | 進める 추진하다 | 弱者 약자 | 援助する 원조하다 | 公的 공적 | 求める 요구하다 | 振り返る 뒤돌아보다 | こだわる 구애되다 | 様子 모습 | もと 아래, 밑 | 平等 평등 | 減る 줄다 | 独自性 독자성 | ややもすると

자칫하면 | 向上心 향상심 | 重ねる 거듭하다 | 増大する 증대하다 | 現れる 나타나다 | 製品 제품 | 用途 용도 | はっきりする 확실하다, 분명하다 | 満足度 만족도 | 一長一短 일장일단 | 完璧 완벽 | しっかり 꽉, 확실히 | 長短 장단점 | 至難の業 지극히 어려운 일 | 欠点 결점 | 抑える 억제하다 | 伸ばす 펴다, 늘리다

인생의 목적이란 무엇일까? 태곳적부터 끊이지 않는 질문의 주제이다. 사람은 누구든 태어나고 싶어서 태어난 사람은 없다. 어느 날 정신을 차리고 보니 이 세상에 존재하고 있었다. 존재하고 있는 이상 가치 있는 존재가 되려고 노력한다. 가치 있는 존재라고 해도 스스로 정하기 어렵고, 자신을 둘러싼 환경이 바라는 존재가 되려고 의식하고 분발한다. 그 때문에 열심히 공부하기도 하고 일하기도 하는 것이다.

그러나 ①가치관의 다양함 때문에 몇 번이고 미로에 서게 된다. 어쩔 수 없이 자기 나름의 가치 기준을 찾아서 거기에 맞춰서 살려고 하지만.

죽음에 직면한 사람을 만나거나 그 사람의 이야기를 들을 기회가 이따금 있다. 그들의 가치관은 물질 중심이 아니라, 보다 본질적인 정신 세계의 가치관이다. 즉, 마음의 세계에 눈을 돌리고 있는 것이다. 마음, 요컨대 가족이나 친구에 대한 사랑, 크게는 인류애 그리고 자연에 대한 사랑 등으로 귀결될 것이다.

병으로 앞으로 살 날이 얼마 안 남게 되었을 때, 사람들은 가족과의 사랑을 깊이 나누거나 또 여행을 하거나 또는 옛 친구를 찾아가거나 할 것이다. 자연을 사랑하는 사람은 좋아하는 산천을 찾아가 거기에 사랑과 감사를 나타낼 것이다.

②죽음을 긍정한다는 말이 있는데, 그것을 통해서 비로소 우리들은 가장 소중한 인생의 의미를 깨닫게 된다. 일상생활 속에서 별생각 없이 마주치는 사람이나 자연과의 만남을 소중히 여기고 매일 감사와 사랑의 마음을 키워 가고 싶은 것이다.

결론적으로 ③(   ) 말로 인생의 목적이라고 말하고 싶다.

---

11 ①가치관의 다양함 때문에 몇 번이고 미로에 서게 된다라고 되어 있는데, 필자의 생각에 가까운 것은 어느 것인가?

1 자기 주위의 사람들로부터의 요구가 각각 달라서 기분이 우울해진다.

2 태어나려고 해서 태어난 것도 아니기 때문에 자기의 존재 의의를 몰라 고민에 빠진다.

3 태고부터 계속 질문해 오고 있는 것이기에, 너무 긴 역사성 때문에 고민에 빠져 버린다.

4 가치 있는 삶이란 무엇인가에 대해서 많은 생각이 있기 때문에 몹시 고민한 결과, 혼돈에 이르고 만다.

12 ②죽음을 긍정한다란 어떤 것인가?

1 평소에는 죽는다는 것을 잊고 살아가지만, 그것을 현실의 것, 아주 가까운 것으로 받아들여서 지금을 소중히 살아가는 것

2 병으로 앞으로 남아 있는 생명이 얼마 없다고 듣는다면 절망적이 되어 버린다는 것

3 죽음에 직면하거나 하면 물질적 가치관보다 정신적 가치관을 가지기 쉽다는 것

4 죽는다는 부정적 생각을 갖지 않고 긍정적, 적극적인 삶을 산다는 것

③ (   )에 들어갈 말로서 가장 적당한 것은 어느 것인가?

1 가치관의 다양성의 수용

2 본질적인 정신 세계의 탐구

3 죽음을 명확히 인식하고 살아가는 것

4 사랑의 완성, 즉 사랑의 인격의 완성

太古 태고 ǀ 問い続ける 계속 묻다 ǀ 気がつく 정신 차리다 ǀ 世の中 세상 ǀ 存在する 존재하다 ǀ 願う 바라다, 원하다 ǀ 頑張る 열심히 하다, 분발하다 ǀ しかしながら 그러나 ǀ 多様さ 다양함 ǀ ゆえ ～때문에 ǀ 幾たび 여러 번 ǀ 迷路 미로 ǀ 自分なり 자기 나름 ǀ 死 죽음 ǀ 直面する 직면하다 ǀ 時々 가끔, 이따금 ǀ 物質中心 물질 중심 ǀ 本質的 본질적 ǀ 精神世界 정신 세계 ǀ すなわち 즉 ǀ 人類愛 인류애 ǀ 帰結する 귀결되다 ǀ 余命 여명, 남은 생애 ǀ 古きよき 오랜, 좋은 ǀ 山河 산하, 산천 ǀ 表す 나타내다 ǀ 肯定する 긍정하다 ǀ 通す 통하다 ǀ 初めて 비로소 ǀ 日常生活 일상생활 ǀ 何気ない 별생각 없는 ǀ 交わる 사귀다, 교제하다 ǀ 出会い 만남 ǀ 日々 나날, 매일 ǀ 育む 소중히 기르다, 키우다 ǀ 結論 결론 ǀ 要求 요구 ǀ 異なる 다르다 ǀ 落ち込む 우울해지다 ǀ 意義 의의 ǀ 悩みに陥る 고민에 빠지다 ǀ 混沌 혼돈 ǀ 間近 아주 가까움 ǀ 受け入れる 받아들이다 ǀ 絶望的 절망적 ǀ 否定的 부정적 ǀ 積極的 적극적 ǀ 受容 수용 ǀ 探求 탐구 ǀ 明確に 명확히 ǀ 認識する 인식하다 ǀ 完成 완성

문제 10 다음 문장을 읽고, 다음 질문에 대한 답으로써 가장 적절한 것을 1·2·3·4에서 하나 고르시오.

문자와 기호의 차이는 무엇일까? 물론 문자라고 하는 것은 인간이 이야기하고 있는 말을 글자의 모양을 빌려서 나타내고 있는 것이며, 표음 문자와 표의 문자가 있다고 하면 그 뿐인지도 모른다. 그렇다면 기호라고 하는 것의 정의는 무엇일까? 가령 그 정의를 '일정 사항을 가리키거나 보이거나 하기 위하여 이용하는 것으로 정보를 포함하고 있는 것'이라고 한다면 거기에는 화살표뿐만 아니라 당연히 글자도 포함될 수 있다. 내가 흥미를 가지고 있는 것은 다름이 아니다. 문자와 기호 어느 쪽이 전달력이 빠른가 하는 것이다. 예컨대 엘리베이터의「閉まる」와 '→ ←' 중, 어느 쪽이 재빨리 전달되는 가이다. 이 두 개만 비교한다면 후자가 빠를지도 모른다. 그러나 실제로는「開く」와 '← →'도 쓰이기 때문에 머리가 아프다.「危ない」가 좋은 건지, '☠'이 빠른 건지 결론은 내릴 수 없다. 유치원 아동의 경우 '☠'을 본다면 어떤 반응을 보일까. 기분 나쁜 '그림'으로서 받아들인다면 ①그것이야말로 위험하다.「危険」이나「危ない」로 되어 있는 경우, 만약 한자를 못 읽는다면 그것도 위험하다. 그것을 피하기 위해서인지 보편적으로「危険」「危ない」로 적는게 많으니까 그나마 다행이지만.

요전에 친구의 집들이에 갔다 왔다. 15년이라는 결코 짧다고 할 수 없는 세월, 부부 맞벌이, 그리고 양가 부모의 원조로 어렵사리 18평 아파트를 손에 넣은 어릴 적 친구의 신축 아파트 구입 축하 파티. 그래서 열 일을 제쳐 두고(注1) 갔는데, 엘리베이터 앞에서 생각지 못한 사고를 만났다. 품에는 소소한 축의금을 왼손에는 입주를 축하하는 꽃다발을 들고. 아파트에 도착해서 엘리베이터 쪽을 보니 막 닫히려고 하지 않는가. 잠시 기다려도 되지만 일 초라도 빨리 친구를 만나고 싶어서 "기다려!"라고 소리 질렀다. 물론 발은 발대로 돌진 중. 막 닫히려는 엘리베이터의 30cm 정도의 틈(注2) 맞은편의 할머니가 '알았다'는 듯이 오른손을 들고 있는 것이 보였다. 이미 꽃다발을 든 왼손을 나도 모르게 집어넣고 있는 상태. ②당연히 열리겠지라고 생각했는데, 꽝하는 소리와 함께 엘리베이터 문은 닫히고 말았다. 꽃다발도 끼여 납작해져 버렸다. 그 다음은 부웅하는 기계음뿐. 나중에 내려온 엘리베이터를 타고 알았는데,「開く」·③「A」가 아니라, 별로 본 적이 없는「B」·'→ ←'라는 기호가 적혀 있었다. 분명히 할머니의 손짓은 '멈춰 줄게'였는데, 닫혀 버렸던 것이다. 꽃다발과 함께. 언어학을 가르치면서 기호와 언어의 차이를 이토록 마음속 깊이 뼈저리게 절실히 느낀 적은 없었다. 문자의 역할과 기호의 역할은 비슷하기도 하고 겹치기도 한다. 하지만 긴급을 요하는 경우에는 문자가 전달력이 빠른 듯한 기분이 들었다. 그렇다고 그것이 결론은 아니지만.

(注1) 万難を排して : 여러 가지 장애를 물리치고

(注2) 隙間 : 사물과 사물의 사이

---

14 ①그것이야말로 위험하다라는 것은 무엇이 위험하다는 것인가?

1 그림으로서가 아니라 위험을 알리는 의미로서 받아들이지 않으면 안 되니까

2 문자로서가 아니라 위험을 알리는 의미로서 받아들이지 않으면 안 되니까

3 기호로서가 아니라 위험을 알리는 의미로서 받아들이지 않으면 안 되니까

4 한자를 읽을 수 없다는 것을 상정해서 읽는 법을 부기하지 않으면 안 되니까

15 ②당연히 열리겠지라고 되어 있는데, 필자는 왜 그렇게 생각한 것인가?

1 할머니가 손을 흔들어 주었기 때문에

2 할머니가 "알았다"고 말했기 때문에

3 할머니가 "알았다"는 손짓을 했기 때문에

4 이미 꽃다발을 든 왼손을 나도 모르게 집어넣었기 때문에

16 ③「A」가 아니라 별로 본 적이 없는 「B」의 「A」와 「B」에 들어갈 것으로서 가장 적당한 것은 어느 것인가?

1 A : 閉まる　　B : → ←

2 A : 閉まる　　B : ← →

3 A : 開く　　B : → ←

4 A : 開く　　B : ← →

17 필자는 문자와 기호에 대해서 어떻게 생각하고 있는가?

1 각각 특징이 있기 때문에 능숙하게 구분해서 사용해야 한다.

2 위험을 알릴 경우는 기호나 그림보다 문자 쪽이 전달력이 빠르다.

3 순간의 판단이 요구되는 경우는 문자 쪽이 전달력이 빠른 것 같다.

4 기민한 판단력이 요구되는 경우는 읽는 법을 달아야 한다.

文字 문자 | 記号 기호 | 違い 차이, 다름 | 字 글자 | 形 모양 | 表音文字 표음 문자 | 表意文字 표의 문자 | 定義 정의 | 仮に 가령, 예를 들어 말하면 | 一定 일정 | 事柄 사정, 사항 | 指す 가리키다 | 示す 내보이다, 나타내다 | 用いる 이용하다 | 含む 포함하다 | 矢印 화살표 | 興味 흥미 | 伝達力 전달력 | エレベーター 엘리베이터 | 素早い 재빠르다 | 伝わる 전달하다 | 後者 후자 | 幼稚園児 유치원 아동 | 反応 반응 | 受け止める 받아들이다 | 避ける 피하다 | あまねく 널리, 보편적으로 | 書き記す 적다, 기록하다 | 引っ越し祝い 집들이 | 年月 세월, 시간 | 共働き 맞벌이 | 両家 양가 | 父母 부모 | 援助 원조, 도움 | やっと 겨우, 어렵사리 | 坪 평 | マンション 중·고층의 고급 아파트 | 手に入れる 손에 넣다 | 幼友達 소싯적 친구, 어릴 적 친구 | 新築 신축 | 購入 구입 | 万難を排する 많은 어려움을 물리치다, 만사 제쳐 두다 | 出向く 거기로 가다 | アクシデント 사건 | 出くわす 우연히 만나다 | 懐 品 | 入居 입주 | 花束 꽃다발 | ダッシュ 돌진함 | 隙間 틈 | 向こう 맞은편 | ～とばかりに ～는 듯이 | 挙げる 들다 | 我知らず 나도 모르게, 무의식 중에 | 差し込む 끼워 넣다, 꽂아 넣다 | ～と思いきや ～라고 생각했는데, ～줄 알았는데 | 挟む 끼다 | ペチャンコになる 납작해지다 | 仕種 손짓, 몸짓, 제스처 | 言語学 언어학 | 心の奥 마음속 | 思い知らされる 뼈저리게 느끼게 되다 | 役割 역할 | 重なる 겹치다 | 緊急 긴급 | 要する 요하다 | 障害 장애, 방해 | 押し退ける 물리치다 | 知らせる 알리다 | 想定する 상정하다 | 付記する 부기하다 | 振る 흔들다 | 使い分ける 구분해서 사용하다 | とっさ 순간 | 要求する 요구하다

문제 11 다음 A와 B의 칼럼을 읽고, 다음 질문에 대한 답으로써 가장 적절한 것을 1·2·3·4에서 하나 고르시오.

A

지금 여대생들 사이에서 성형 수술이 대유행이다. 성형 수술이라고 해도 옛날에는 점을 빼거나 쌍꺼풀을 만드는 것이 주였는데, 지금은 머리 끝부터 발 끝까지 수술의 대상이 안 되는 곳이 없을 정도로 광범위해졌다. 수술 부위가 다양해진 만큼, 드는 비용도 당연히 늘어난다. 한 여대생은 사각턱을 둥글게 하는 수술을 받기 위해 부모에게 말하지 않고 아르바이트를 3개나 하여, 무리가 겹쳐 병이 나서 귀한 목숨을 잃고 말았다. 여성으로서 아니, 인간으로서 미적 추구심을 가지는 것은 자유이며, 누구에게도 방해 받아서는 안 된다. 그러나 귀한 목숨을 잃을 정도로 아르바이트로 치닫지 않으면 안 되는 그녀의 사고방식에 먼저 문제가 있다고 말하고 싶다. 또 실력보다도 내면보다도 '겉모양'이나 몸매에 연연하는 요즘의 사회적 풍조에도 책임의 일부가 있다고 말하지 않을 수 없다.

B

어느 여대생의 죽음의 비보를 접하고 여성의 미에 대한 추구심이 얼마만큼 강한지를 새삼 절실히 느꼈다. 미에 대한 탐구심은 특별히 여성에게 국한된 이야기는 아니며, 남성이라도 소위 '비주얼'을 신경 쓰는 시대가 되었다. 잘생긴 남성, 예쁜 여성의 취직 1차 시험 합격률이 높다고 하는 미심쩍은 이야기를 무턱대고 무시할 수도 없는 시대를 우리들은 살아가고 있는 것이다. 미국에서는 키의 높이와 수입은 비례한다고 누군가가 발표했다고 하지 않았던가. 죽음에 이르기까지 무리하게 몸을 쓴 본인에게 첫 번째 책임이 있는 것은 말할 나위도 없지만, 아르바이트를 세 가지나 하며 하루 평균 3시간밖에 자지 않는 생활에, 가족도 친구들도 무신경했던 것은 납득이 안 간다(注1). 외견을 중시하는 사회의 풍조에도 메스를 가해야 하지만, 주변 사람에게 무감각한(注2) 현대의 인간 군상에게도 책임의 일부가 있다고 말하지 않을 수 없다.

(注1) 腑に落ちない : 납득이 안 간다

(注2) 無頓着な : 무관심한

18 A와 B 어느 쪽의 칼럼에도 언급되고 있는 내용은 어느 것인가?

1 죽음에 이르는 가장 큰 책임은 본인에게 있다.

2 아직도 쌍꺼풀 수술이 성형 수술의 주류를 이루고 있다.

3 죽음에 이르는 가장 큰 책임은 주위 사람에게 있다.

4 과도한 미적 추구심이 문제이다.

19 B가 지적하는 우리들의 책임이란 무엇인가?

  1 부모에게 말하지 않고 아르바이트를 하는 것은 좋지 않다는 것

  2 주위를 배려하지 않는 삶

  3 미적 탐구심을 가지는 것은 자유라는 것

  4 예쁜 여성일수록 내정률이 높다는 것

20 A와 B의 내용을 바르게 정리한 것은 어느 것인가?

  1 A는 성형 수술 비용의 증대를 지적하고 있지만, B는 수면 부족을 지적하고 있다.

  2 A는 부모에게 말하지 않았던 것을 지적하고 있지만, B는 무리하게 몸을 사용한 본인에게 일부 책임이 있다고 지적하고 있다.

  3 A도 B도 비주얼을 신경 쓰는 현대 사회의 특징을 언급하고 있다.

  4 A도 B도 주위에 무관심한 현대의 인간 군상에 책임의 일부가 있다고 말하고 있다.

コラム 칼럼 | 整形手術 성형 수술, 정형 수술 | 大流行 대유행 | ホクロをとる (피부의) 검은 점을 빼다 | 二重まぶた 쌍꺼풀 | 主 주됨 | 頭の天辺から足の爪先まで 머리 끝에서 발 끝까지 | 広範囲 광범위 | 部位 부위 | 多様 다양 | 費用 비용 | 膨らむ 부풀다 | 四角い 네모지다 | 顎 턱 | 黙る 입을 다물다 | かけ持ちする 겹치기로 가지다, 겸임하다 | 貴い 귀하다, 존귀하다 | 命を失う 목숨을 잃다 | 美的追求心 미적 추구심 | 妨害する 방해하다 | 走る 치닫다 | 実力 실력 | 中味 속에 든 것, 알맹이 | 見た目 겉모양, 외관 | 体形 체형 | こだわる 연연해 하다, 구애받다 | 風潮 풍조 | 一端 일부분 | ～ざるを得ない ～지 않을 수 없다 | 悲報に接する 비보를 접하다 | 今さらながら 새삼스럽지만 | 思い知る 절실히 깨닫다 | 探求心 탐구심 | いわゆる 소위, 이른바 | ビジュアル 비주얼 | イケメン 잘생긴 남자, 이성에게 인기 있는 남자 | 内定率 내정률(취직 시험 합격이 내부적으로 결정되는 비율) | いかがわしい 미심쩍다 | まんざら 무조건, 무턱대고 | 無視 무시 | 背の高さ 키의 높이 | 比例する 비례하다 | 発表する 발표하다 | 平均 평균 | 無神経 무신경 | 腑に落ちない 납득이 가지 않다 | 外見 외견, 겉모습 | 重んじる 중히 여기다, 존중하다 | メスを入れる 메스를 가하다 | 無頓着 무관심 | 人間群像 인간 군상 | 納得 납득 | 無関心 무관심 | 触れる 언급하다 | 主流を成す 주류를 이루다 | 過度の 과도한 | いけない 좋지 않다, 나쁘다 | 気を配る 배려하다 | 増大 증대 | 指摘する 지적하다 | 睡眠 수면

문제 12 다음 문장을 읽고, 다음 질문에 대한 답으로써 가장 적절한 것을 1·2·3·4에서 하나 고르시오.

지구의 탄생은 대략 46억 년 전으로, 인류의 출현은 약 6~700만 년 전으로 추정된다고 한다. 최초의 인류 '사헬란트로푸스 차덴시스'(注1)에서 20만 년 전쯤 나타났다고 보여지는 현생 인류의 조상, '호모 사피엔스'에 이르기까지 '인간'은 체형이나 머리 모양을 조금씩 바꾸며 ①현재와 같은 '인간'이 된 것으로 밝혀졌다. 아득하게 느껴지는 태곳적으로부터 현재에 이르기까지 '인간'은 직립 보행, 불의 사용, 수렵, 도구의 사용, 또 종교 의식 그리고 농경이나 목축의 흔적을 남겼다.

고고학자의 발굴 조사·연구에 의해 인류의 발자취가 양파 껍질처럼 한 장 한 장 벗겨지고는 있으나, 모양이 없는 음성 언어에 대한 연구는 ②본디 가진 어려움 때문에 추진하기 어려운 점이 당연히 있다. 그건 그렇고, 음성 언어보다 문자 언어가 훨씬 뒤에 나타났다고 추정하는 것은 어려운 일이 아니다. 베이징 원인(北京原人)(注2)은 약 70만 년 전에서 20만 년 전에 출현하였다고 추정되는데, 한자의 탄생은 기원전 3천여 년이라는 설이 있으며, 세계적인 문자인 알파벳의 기원만 해도 기원전 1,700년 전경이라고 한다.

인류의 시작을 가령 700만 년 전이라고 보고, 문자가 탄생한 쯤부터 '고도 문명'이 시작됐다고 한다면, 인류의 발자취의 99% 이상은 '고도 문명'이 없었다고 말할 수 있다. 반대로 1% 미만만이 '고도 문명'권에 들어간다. 물론, 문자가 없었을 터인 구석기 시대만 해도 훌륭한 '문양'이나 '기호'가 있었다고 말하지 못할 것도 없지만, 그것은 어디까지나 단순한 시그널이지 '고도 문명'이라고 하는 관점에서 파악한다면 ③그것은 제외된다.

18세기 말 영국의 산업 혁명으로부터 대략 200년 정도 지났다. 700만 년 분의 200년이라고 하는 것은 더더구나 미미한 숫자. 인터넷의 전과 후를 하나의 큰 분기점으로 삼는다면, 거기서부터 20여 년 흘렀는데 더욱더 미세한 숫자이다.

그러나 그 눈에 보일락 말락 하는 점보다도 희미한 시간이 인간의 생활을 크게 바꾸어 버렸다. 퍼스널 컴퓨터를 켜서 손가락을 몇 번 움직이면 지구 반대편의 지인과 손쉽게 연락을 취할 수 있게 된 오늘날, 인류의 발자취나 그 과정에 있어서 발생한 일이나 거기서 얻어지는 교훈을 잊고, 인간의 편익성만을 찾아서 쏜살같이 돌진해 온 우리들은 환경 파괴라는 큰 난제에 부딪혔다.

진보, 발전을 목표로 해 가는 것은 크게 환영해야만 하지만, 경제성이나 인간의 편익성만을 추구한 나머지 우리들의 영원한 집을 소홀히 하고 있지 않은지 다 함께 다시 생각해 볼 필요가 있다고, 과거를 들여다보면 볼수록 절실히 느끼게 되는 것이다. (후략)

(注1) サヘラントロプス チャデンシス(Sahelanthropus tchadensis) : 약 700만 년 전에 생존했다고 보여지는 가장 오래된 인류

(注2) 北京原人 : 베이징에서 발견된 70~20만 년 전에 생존한 화석 인류

21 이 문장과 관련해서 ①현재와 같은 '인간'이 되기까지의 과정에서 관계가 적은 것은 어느 것인가?

1 인간은 두 개의 다리로 걸을 수 있다.

2 인간은 동물을 잡아서 먹이로 삼아 왔다.

3 인간은 축제(제사)를 집행하는 것으로 인간 발전을 도모했다.

4 불이나 도구의 사용, 그리고 농경이나 목축은 그 흔적이 발견되고 있다.

22 ②본디 가진 어려움 때문에 추진하기 어려운 점이 당연히 있다라는 것은 결국 어떤 말인가?

1 문자 언어는 훨씬 나중에 생겼기 때문에

2 음성 언어는 문자 언어보다 어렵기 때문에

3 문자 언어는 형태가 있기 때문에

4 음성 언어는 흔적이 남아 있지 않기 때문에

23 ③그것은 무엇을 가리키는가?

1 고도의 문명

2 문양이나 문자

3 높은 수준의 시그널

4 단순한 시그널

24 이 문장에서 필자가 가장 말하고 싶은 것은 무엇인가?

1 화석 인류의 연구를 통해서 '인간'의 발자취를 알고, 미래를 위해서 환경 보전에도 노력해야 한다.

2 지구 개발도 좋은 일이지만, 환경문제에도 눈을 돌려야 한다.

3 생활을 편리하게 하기 위한 기술 개발뿐만 아니라 과거의 인간의 교훈이나 환경문제에도 눈을 돌려야 한다.

4 급격한 기술 개발만을 추구할 것이 아니라 지구를 지키기 위한 관심도 가져야 한다.

地球 지구 | およそ 대략 | 出現 출현 | 推定される 추정되다 | 現生人類 현생 인류 | 祖先 선조, 조상 | 気が遠くなる 정신이 아찔해지다 | はるかなる 아득한 | 直立歩行 직립 보행 | 狩猟 수렵 | 道具 도구 | 宗教儀式 종교 의식 | 農耕 농경 | 牧畜 목축 | 痕跡 흔적 | 考古学者 고고학자 | 発掘 발굴 | 歩み 발자취, 발걸음 | 皮 껍질, 가죽 | 剥く 벗기다 | 音声言語 음성 언어 | そもそも 처음, 애당초 | それはともあれ 그건 그렇고 | 紀元前 기원전 | 説 설, 학설 | アルファベット 알파벳 | 起源 기원 | 高度の文明 고도 문명 | 未満 미만 | 旧石器時代 구석기 시대 | 文様 문양, 무늬 | あくまでも 어디까지나 | シグナル 시그널 | 観点 관점 | 捉える 파악하다 | 外す 제외하다 | 産業革命 산업 혁명 | 経つ 지나다 | なおさら 더욱더 | 微微たる 미미한 | かすかな 희미한, 어렴풋한 | 立ち上げる 시동하다, 기동(起動)시키다 | 反対側 반대편 | 過程 과정 | 生じる 생기다 | 出来事 일, 사건 | 教訓 교훈 | 利便性 편익성, 편리성 | まっしぐらに 쏜살같이 | 突き進む 돌진하다 | 破壊 파괴 | 難題 난제 | ぶつかる 부딪치다 | 目指す 목표로 하다 | 大いに 매우, 대단히 | 歓迎する 환영하다 | 追い求める 추구하다 | 永遠なる 영원한 | 住処 집, 주거 | おろそかに 소홀히, 등한히 | 考えなおす 다시 생각하다 | 過去 과거 | 覗く 들여다보다 | つくづく 절실히, 정말 | 生存する 생존하다 | 化石 화석 | 捕る 잡다 | 餌 먹이 | 祭り 축제, 제사 | 執り行う 거행하다, 집행하다 | 保存 보존 | 急激な 급격한

문제 13 다음은 인도의 지원 단체가 정기적으로 실시하는 '인도 문화 여행' 강좌의 상세 안내이다. 다음 질문에 대한 답으로써, 가장 적절한 것을 1·2·3·4에서 하나 고르시오.

인도 문화 여행

강좌명	주요 강의 내용	강의일과 시간	수강료
인도의 춤	인도 전래 춤의 특징과 인도 무용 전반에 대해서 배운다	토·일 10:00~12:00	9,500엔 재료비 포함
인도의 역사	유구한 인도의 역사에 대해서 선사 시대·고대·중·근대·현대로 나눠서 살펴본다	화·목 10:00~12:00	9,000엔 교재비 1,000엔 별도
인도 요가	요가의 왕국, 인도에서 배운다	월·수·금 14:00~16:00	12,000엔
인도의 민속 음악	다양한 인도의 민속 음악과 각 지역별 특징에 대해서 배운다	화 10:00~14:00 금 12:00~14:00	9,500엔
인도의 카스트 제도	시대와 함께 상당히 엷어진 인도의 신분 제도인 카스트 제도에 대해서 그 출현과 변천, 그리고 앞으로의 전망에 대해서 공부한다	화 10:00~12:00 수 14:00~16:00	9,000엔 교재비 포함
인도인과 불교	불교는 인도에서 탄생했음에도 불구하고 인도의 신자는 아주 적으며, 다른 아시아 국가에서 융성하였다. 그 수수께끼에 도전한다	월·수·금 10:00~12:00	13,000엔 화보＋교재비 별도
인도와 영국	일찍이 영국의 식민지였던 인도. 식민지의 시작과 독립까지의 과정을 들여다본다.	월·수 10:00~12:00 금 13:00~15:00	12,000엔 화보비 포함
인도의 정치가 간디와 비폭력주의	비폭력의 간디 사상을 탐구한다	화 10:00~12:00 목 14:00~16:00	10,000엔 교재비 포함
인도의 IT산업	눈부신 발전을 이루고 있는 인도의 IT산업의 현황과 미래에 대해서 탐구한다	화 14:00~16:00 목 13:00~15:00	10,000엔 교재비 포함
인도와 파키스탄의 분쟁	카슈미르 지역을 둘러싼 양국의 싸움의 발단·전개·미래에 대해서 살펴본다	월·화 13:00~15:00	9,000엔 교재비 별도

25 야마다 씨는 인도에 관한 것에 대해서 흥미를 가지고 있는 대학 3학년생이다. 월·수·금은 오전도 오후도 수업이 있지만, 화요일은 오후부터, 목요일은 오전도 오후도 시간을 잡을 수 있다. 토·일은 아르바이트로 하루 종일 시간이 없다. 수강료 각 1만 엔이 한도. 야마다 씨가 들을 수 있는 강좌는 몇 개인가?

1 한 개

2 두 개

3 세 개

4 네 개

26 스즈키 씨는 인도의 문화에 흥미를 가지고 있다. 그렇다고 해도 종교나 정치에는 관심이 없다. 목요일 오전과 금요일 오후 이외는 시간을 잡을 수 있다. 수강료는 얼마라도 상관없다. 스즈키 씨가 들을 수 있는 강좌는 몇 개인가?

1 한 개

2 두 개

3 세 개

4 네 개

インド 인도 | 支援団体 지원 단체 | 恒例 항례, 정기적으로 실시하는 | 旅 여행 | 講座 강좌 | 詳細 상세 | 受講料 수강료 | 限度 한도 | 講義 강의 | 踊り 춤 | 伝来 전래 | 舞踊 무용 | 全般 전반 | 資料代込み 자료비 포함 | 悠久 유구 | 先史時代 선사 시대 | 古代 고대 | 中世 중세 | 近代 근대 | 概観する 개관하다, 살펴보다 | 別途 별도 | ヨガ 요가 | 王国 왕국 | 民俗 민속 | 地域 지역 | カースト 카스트 | 薄れる 엷어지다, 약해지다 | 身分 신분 | 移り変わり 변화, 변천 | 展望 전망 | 仏教 불교 | 〜にもかかわらず 〜에도 불구하고 | 信者 신자 | 隆盛する 융성하다 | 謎 수수께끼 | せまる 도전하다, 다가오다 | 画報 화보 | かつて 일찍이 | 植民地 식민지 | 独立 독립 | 覗く 들여다보다 | 非暴力主義 비폭력주의 | 思想 사상 | めざましい 눈부시다 | とげる 이루다 | 現況 현황 | パキスタン 파키스탄 | 紛争 분쟁 | めぐる 둘러싸다 | 発端 발단

정답과 해석

問題8 1 ④ 2 ③ 3 ① 4 ①   問題9 5 ④ 6 ④ 7 ③ 8 ④ 9 ② 10 ② 11 ② 12 ④ 13 ②

問題10 14 ③ 15 ④ 16 ② 17 ④   問題11 18 ② 19 ② 20 ③

問題12 21 ④ 22 ② 23 ② 24 ①   問題13 25 ③ 26 ②

내용 이해 - 단문

문제 8   다음 문장을 읽고, 다음 질문에 대한 답으로써 가장 적절한 것을 1·2·3·4에서 하나 고르시오.

> 수영을 잘하는 사람일수록 물에 빠지기(注1) 쉽다고 한다. 운전도 초심자보다 익숙해지면 사고를 일으키기 쉽다고 한다. 원숭이도 나무에서 떨어진다는 뜻이리라. 우리들 보통 사람은 남과 비교하여 조금이라도 능숙하면 바로 뽐내는 습성이 있는 것 같다. 나도 사실 자신에 내재하는 성격의 하나에 그것이 있다고 생각한다.
>
> 없애려고 노력하면 할수록 저절로 나오는 모양이다. 겸허하게 사는 일의 중요함을 다시 한 번 깊게 생각하고 보다 인간미 넘치는 삶을 살았으면 하고 늘 생각하고 있다.
>
> (注1) 溺れる : 물속에서 헤엄치지 못하고 가라앉다

1 이 문장에서 필자가 가장 생각하고 있는 것은 어느 것인가?

  1 운전에는 주의해야 한다.

  2 다른 사람과 비교해서 잘하더라도 자랑해서는 안 된다.

  3 자신의 자만심을 고치려고 하고 있다.

  4 조심스럽게 가능한 한 자만심을 가지지 않도록 하고 싶다.

溺れる (물에) 빠지다 | 運転 운전 | 初心者 초심자, 초보자 | 慣れる 습관이 되다, 익숙해지다 | 事故を起こす 사고를 일으키다 | 猿も木から落ちる 원숭이도 나무에서 떨어진다 | 凡人 보통 사람, 범인 | 較べる 비하다, 견주다 (=比べる) | つい 바로, 조금 | 鼻にかける 뻐기다, 뽐내다 | 習性 습성 | 正直 사실 | 内在する 내재하다 | 無くす 없애다 | 自然と 자연스럽게, 저절로 | 謙虚に 겸허히, 겸허하게 | 生きる 살아가다 | 大事さ 중요함 | 今一度 다시금 | 人間味 인간미 | あふれる 흘러넘치다 | 常々 평소, 늘 | 水中 수중 | 沈む 가라앉다 | 自慢する 자랑하다 | 慢心 자만심 | 改める 고치다 | 控え目だ 크게 나서려고 하지 않는다, 조심스럽다 | なるべく 될 수 있는 한, 가능한 한

서양 영화를 보고 있자면 왼손으로 글을 쓰는 사람이 비치는 경우가 있다. 그러면 "거봐, 역시 서양인한테 왼손잡이가 많잖아"라는 식으로 말하는 사람이 있다. 양손으로 포크와 나이프를 쓰는 습관상, 왼손잡이가 나타나기 쉽다며 어딘지 근거 있는 듯이 말하는데, 서양인도 일본인도 그 비율에는 큰 차이는 없다고 하는 것이 정설인 모양이다. 그 증거로 야구 왼손 타자 비율을 봐도 그렇게 다르지 않다. 어느 인종도 대체로 1~2할의 사람이 왼손잡이라고 하며, 약간이지만 남자가 여자보다 많다는 통계도 있는 모양이다. 왼손의 사용을 싫어하는 경향이 있는 동양인은, 자신의 아이가 왼손을 쓰면 좋지 않다고 주입하여 억지로 오른손의 사용을 강제한 결과, 왼손잡이가 줄었다는 신빙성 높은 이야기도 있다.

2 **이 문장의 주된 논지는 무엇인가?**

1 서양인은 포크와 나이프를 양손으로 들고 사용하는 생활 습관상, 왼손잡이가 많이 나타난다.

2 야구 선수의 경우, 오른손잡이와 왼손잡이의 비율의 차이는 별로 없다.

3 오른손잡이와 왼손잡이는 인종에 의한 차이는 별로 없다.

4 오른손잡이와 외손잡이는 성별에 의한 차이는 별로 없다.

洋画 외화, 서양 영화 | 左手 왼손 | 映る 비치다 | やはり 역시 | 西洋人 서양인 | 左利き 왼손잡이 | 両手 양손 | フォーク 포크 | いささか 조금, 약간 | 根拠ありげに 근거 있는 듯이 | 割合 비율 | 大差 대차, 큰 차이 | 定説 정설 | 証拠 증거 | 左打者 왼손 타자 | 比率 비율 | 違う 다르다 | 人種 인종 | 大体 대체로 | わずか 조금, 약간 | 統計 통계 | 嫌う 싫어하다 | 傾向 경향 | 東洋人 동양인 | 植え付ける 주입하다, 심다 | 無理やり 억지로, 무리하게 | 強制する 강제하다 | 信憑性 신빙성 | 論旨 논지 | 右利き 오른손잡이

나는 어린 시절부터 스포츠라면 뭐든지 좋아했다. 축구에 야구에 농구에 종류에 상관없이 아주 좋아했다. 그러나 요즘 계속 스포츠를 싫어하는 경향이 있는 자신을 발견한다. 근년에 각종 스포츠 시합에서 과거의 승부 조작(注1) 의혹이 잊어갈 만하면 다시 드러나기 때문이다. 내내 지기만 하면 그만둘 수밖에 없는 것이 현실인 스포츠계. 적이기는 해도 옛날에 동료였거나 학창 시절 선후배 사이였거나, 여러 가지 관계가 있을 터이다. 그러나 스포츠에서 페어를 빼면 뭐가 남는다는 말인가. 원컨대 말 그대로 의혹으로 끝났으면 좋겠다. 그것이 사실이라면 말도 안 된다. 두 번 다시 시합을 보러 가지 않을 것이다.

(注1) 八百長 : 미리 승부를 의논해 두고 진지하게 싸우고 있는 듯이 보이는 것

---

3 **문장 안의 계속 스포츠를 싫어하는 경향이 있는 자신을 발견하는 것은 왜인가?**

1 불공정한 시합이 있을지도 모른다는 의혹이 있기 때문에

2 스포츠의 생명인 공정한 정신이 약해졌기 때문에

3 선수들의 승부에 대한 집착심이 너무 강하기 때문에

4 최근 스포츠가 왠지 싫어졌기 때문에

時分 시절, 때 | バスケットボール 농구 | 種類 종류 | かまう 상관하다 | ～つつある ～(하는) 중이다 | 発見する 발견하다 | 各種 각종 | 八百長 엉터리 승부, 승부 조작, 미리 짜고 일을 진행함 | 疑惑 의혹 | 忘れかける 잊어지기 시작하다 | 再び 다시, 재차 | 明るみに出る (세상에) 밝혀지다 | ～ぱなし ～한 상태가 계속됨 | 辞める 그만두다 | オチ 당연한 결과, 십상 | 敵 적 | 仲間 동료, 무리 | 学校時代 학창시절 | 先輩 선배 | 後輩 후배 | 間柄 사이, 관계 | 関わり 관계, 상관 | フェア 페어, 정직, 공평, 공정 | とる 빼다, 제외하다 | 願わくば 원컨대 | もっての外 당치도 않음, 언어도단 | 前もって 미리 | 勝ち負け 승부, 승패 | 打ち合わせる 상의하다, 협의하다 | 真剣に 진지하게 | 戦う 싸우다 | アンフェア 언페어, 불공정 | 疑い 의혹, 의심 | 勝負 승부 | 執着心 집착심 | 何となく 왠지, 어쩐지

늦더위에 문안 인사 드립니다.

입추가 얼마 안 남았다고 하나 아직 한여름 같은 매일이 이어지며 지내기가 좀 불편한데(注1), 선생님께서는 어떻게 지내고 계시는지요?

지난달 사적인 일로 도쿄를 찾았을 때, 댁에 들려 십수 년만에 사모님이 손수 만든 요리 대접과 함께 즐거운 한때를 보내게 되어 정말 감사드립니다. 완전히 유학시절로 되돌아간 듯한 기분이 들었습니다. 약관 25세 때 선생님의 지도를 받은지 어느새 20여 년이 지났습니다만, 아직도 자상하게 가르쳐 주셨던 과거가 기억에 생생합니다. 진심으로 감사드립니다. 서울에 오실 일이 있으시면 꼭 저를 찾아 주십시오. 이 더위는 아직도 계속될 느낌입니다. 부디 건강에 유의해 주시기를 바랍니다.

0년 0월 권영부 배상

(注1) 閉口する : 곤란하다

---

4 이 엽서를 쓴 가장 큰 목적은 무엇인가?

1 시절상 은사의 건승을 기원한다.

2 입춘을 맞아 은사의 건승을 기원하다.

3 지도 받은 것을 감사하고 있다.

4 젊은 시절의 추억담을 이야기하고 싶다.

残暑 잔서, 늦더위 | お見舞い 문안 | 申し上げる 말씀드리다 | 立秋 입추 | 間近 얼마 안 남음 | 盛夏 한여름 | いささか 조금, 어딘지, 약간 | 閉口する 질리다, 손들다, 곤란하다 | 先生におかれましては 선생님께서는 | 如何が 어떻게 | 過ごす 지내다 | 私用にて 사적인 볼일로 | 訪れる 찾다, 방문하다 | 際 때 | お宅 댁 | 寄る 들르다 | ～ぶり ～만 | 奥様 사모님 | 手料理 손수 만든 요리 | おもてなし (당신의) 대접, 요리대접 | ひととき 한때, 한동안 | すっかり 완전히 | 気が致す 기분이 들다(気がする의 겸양표현) | 弱冠 약관 | ご指導 지도 | 賜る '받다'의 겸양어 | 早 어느새, 어언 | 手取り足取り 자상히, 정성으로 | 来られる 오시다 | ご用事 볼일, 용무 | 是非 꼭, 반드시 | 声をかける 부르다, 말을 걸다 | 気配 기색, 기미 | くれぐれも 부디 | ご自愛 자애, 자신의 몸을 돌봄 | 再拝 재배, 배상(拝上) | 時節柄 시절상 | 恩師 은사 | 健勝 건승 | 祈る 기원하다 | 立春 입춘 | 迎える 맞이하다 | 与かる 받다, 관여하다 | 若き時代 젊은 시절 | 想い出話をする 추억담을 이야기하다

문제 9 다음 문장을 읽고, 다음 질문에 대한 답으로써 가장 적절한 것을 1·2·3·4에서 하나 고르시오.

역사적으로 보아 현대는 IT 혁명 시대라고 불린다. 분명히 인터넷을 중심으로 하는 컴퓨터 기술의 발전은 눈부신 무언가가 있다. 그 정보량의 많음과 빠름 그리고 그것을 지탱하는 기술 혁신은 ①정보 혁명이라고도 불린다. 그것은 지구촌을 실현시키는데 큰 역할을 다할 것으로 기대된다.

그러나 그 ②부작용도 있다. 아무리 잘 드는 부엌칼도 쓰는 사람에 따라 훌륭한 요리를 만들 수 있는가 하면 그것을 사용한 살인 사건도 일어난다.

마찬가지로 인터넷도 잘 이용하면 시공을 초월한 세계적 정보 네크워크를 구축할 수 있다. 그러나 잇따르는 해커에 의한 네트워크 파괴와 정보 절취, 또 윤리적으로 금지되어 있는 성의 상품화로 인한 에로(注1), 그로테스크 계통(注2)이라고 불리는 사이트의 증가라는 문제가 있다. 특히 청소년의 건전한 교육에 여러 가지 악영향을 주고 있다.

그런 의미에서 정보 혁명을 추진하는 일은 중요하지만, 동시에 인간의 의식, 가치관을 고양시키는 것도 필요하다. 즉, 정신 혁명도 동시에 필요한 시대라는 것이다. 종교나 철학이 그 역할을 다해야 한다고 생각한다. 그러한 것이 인간의 정신 문화를 높이는 기초가 될 수 있기를 기대한다.

물질문명만으로는 진정한 행복에 한계가 보이는 가운데, 정신문명의 고양에 의한 진정한 의미의 지구촌의 실현이 갈망된다.

그렇게 해야만 비로소 정보 혁명이 인류의 행복에 위대한 공헌을 다할 수 있을 것이다.

(세키 쓰네오 『IT 혁명과 진정한 행복』에서)

(注1) エロ :「エロチック」가 줄어든 말

(注2) グロ系 :「グロ」는「グロテスク」가 짧아진 말.「系」는「系統」의 뜻

---

5 ①정보 혁명에 대한 필자의 생각에 가까운 것은 어느 것인가?

1 정보 혁명의 발전은 역사적인 내용으로 기대된다.

2 인터넷을 중심으로 하는 정보 혁명은 너무나 변화가 격심해서 따라갈 수 없는 부분이 있다.

3 정보 혁명으로 정보량이 흘러넘쳐서 그 수집만으로도 많은 시간이 필요하다.

4 정보 혁명은 이용하는 사람의 동기에 따라 공과 죄 양면이 있어 잘 판단하지 않으면 안 된다.

6 ②부작용도 있다라고 되어 있는데, 무슨 말인가?

1 인터넷 정보에는 부정확한 부분이 있고, 세계적 네트워크의 구축에는 한계가 있다는 것

2 인터넷의 보급으로 청소년이 열심히 공부하게 되고, 교육상 문제가 되고 있는 것

3 인터넷의 보급으로 사회적 인간 관계가 취약하게 되고, 자기중심적 인간이 늘어나고 있는 것

4 인터넷의 보급으로 네트워크의 혼란을 가져오거나 돈벌이를 위해 악용되거나 하는 위험성이 있는 것

이 문장을 통해서 필자가 주장하고 싶은 것에 가까운 것은 어느 것인가?

1 IT 혁명이라고 불리고 있지만, 사실은 상업주의에 이용되고 있고 마이너스적 측면이 많다.

2 청소년의 건전한 육성을 위해서는 인터넷 등의 IT 교육보다 종교, 철학, 도덕이라는 교육 시간을 늘려야 한다.

3 IT 혁명을 성공리에 이룩하기 위해서도 인간의 윤리관, 가치관을 높여 나가지 않으면 안 된다.

4 IT 혁명을 진행함과 동시에 역사 인식을 가지는 것으로 그 가치를 높여야 한다.

革命 혁명 | 目覚しい 눈부시다 | 支える 지탱하다 | 革新 혁신 | 地球村 지구촌 | 役割を果たす 역할을 다하다 | 期待する 기대하다 | 副作用 부작용 | 切れる 잘 들다 | 包丁 부엌칼 | 〜と思いきや 〜라고 생각했는데, 〜줄 알았는데 | 殺人事件 살인사건 | 同様に 마찬가지로 | 利用する 이용하다 | 時空を超える 시공을 초월하다 | 情報ネットワーク 정보 네트워크 | 構築 구축 | 相次ぐ 잇달다, 연달다 | ハッカー 해커 | 破壊 파괴 | 盗み取り 절취, 훔침 | 倫理的 윤리적 | 禁止する 금지하다 | 性の商品化 성의 상품화 | エロ 에로, 선정적 | グロ系 그로테스크 계통 | サイト 사이트 | 増加 증가 | 健全 건전함 | 悪影響 악영향 | 価値観 가치관 | 宗教 종교 | 哲学 철학 | 基礎 기초 | 物質文明 물질문명 | 真の 진정한, 참된 | 幸福 행복 | 限界 한계 | 精神文明 정신문명 | 高揚 고양 | 真なる 진정한, 참된 | 渇望する 갈망하다 | 偉大な 위대한 | 貢献 공헌 | エロチック 에로틱, 선정적 | 縮まる 줄어들다 | グロテスク 그로테스크, 괴상함, 징그러움 | 系統 계통 | 溢れる 흘러넘치다 | 収集 수집 | 要する 요하다 | 動機 동기 | 功罪 공과 죄 | 不正確 부정확 | 普及 보급 | 脆弱 취약 | 混乱 혼란 | 来す 초래하다 | 金儲け 돈벌이 | 悪用する 악용하다 | 側面 측면 | 育成 육성 | 道徳 도덕 | 増やす 늘리다 | 成功裏 성공리 | 成し遂げる 이룩하다

---

①리더의 조건 혹은 자질에 대해서 쓴 책, 그리고 역사물이 잘 팔린다고 한다. 확실히 책방에 가면 이런 책들이 죽 진열되어 있다.

오늘날 국가나 기업 그리고 가정과 같은 다양한 레벨에서 진정한 리더가 요구되고 있다. 그런 고로 진정한 리더란 어떤 사람인가 하고 모색하고 있다. 그 현상으로서 사람들은 역사에 관심을 가지고 역사상의 훌륭한 리더로부터 배우려고 하고 있는 것이리라.

특히 인기가 있는 것이 전국 시대(戦国時代)의 무장(武将)들이다. 또 그에 필적하는 것이 에도 말기에서 메이지 초기에 걸친 시대의 전환기를 살았던 리더들이다.

NHK 대하드라마라고 하면, 그 대부분이 전국 시대나 에도 말기의 이야기라고 해도 과언이 아니다. 공통되는 주제가 역사의 전환기, 격동기에 훌륭하게 새로운 역사를 열어나간 리더들이다.

21세기의 개막으로부터 상당한 세월이 흐르고 있지만, 우리들을 둘러싼 환경은 아직도 혼돈 속에 있으며, 역사적 전환기의 연장선상에 있다고 말할 수 있다. 그러므로 진정한 리더를 바라는 목소리는 여전히 계속되고 있는 것이다.

역사적으로 존경 받는 리더들에게는 공통점이 있다. 자신을 희생하더라도 보다 큰 목적을 위하여 목숨도 바치는 모습이다. 동시에 인간애도 흘러넘쳤다. ②이들 덕목은 현대에도 공통적으로 요구되는 것이다.

사물을 역사적으로 바라보고, 보다 공적인 목적을 위하여 자신의 모든 것을 바쳐서 살 수 있는 인간을 어떻게 만들어 내 갈 것인가, 현대의 큰 주제이다.

<u>8</u> ①리더의 조건 혹은 자질에 대해서 쓴 책, 그리고 역사물이 잘 팔린다고 되어 있는데, 그 이유에 가장 가까운 것은 어느 것인가?

1 서점에 사람들이 찾고 있는 리더론이나 역사물 관련 책이 많이 나와 있기 때문에

2 국가나 사회에서 리더가 불상사만 일으켜 진정한 리더를 갈망하고 있기 때문에

3 전국 시대의 무장들은 인생도 드라마틱하고 모습도 멋지기 때문에

4 역사의 큰 전환점이나 그 연장선상에 있어서, 당연히 지녀야 할 지도자상과 그 역할을 찾기 때문에

<u>9</u> ②이들 덕목이라고 되어 있는데, 무슨 말인가?

1 사물을 역사적으로 직시할 수 있도록 역사에 흥미를 가지는 것

2 타인에 대한 애정을 가지고 대의를 위하여 자신의 목숨도 보살피지 않는 것

3 역사의 전환기는 많은 사람들이 당황하고 갈피를 못 잡는 시기라는 것을 알고 있다는 것

4 무사도에 따라 무도에 힘쓰는 것

<u>10</u> 이 문장에서 필자가 가장 말하고 싶은 것은 어떤 것인가?

1 역사상 존경 받는 인물상을 선택해서 그 공통점을 탐구하는 시대이다.

2 역사 인식을 가지고 보다 큰 목적과 사명을 위하여 살아갈 수 있는 인물의 육성이 중요하다.

3 21세기의 개막부터 상당한 세월이 흐르고 있으나, 우리들을 둘러싼 환경은 아직도 혼돈 속에 있다.

4 TV 시청률이 가장 높은 역사드라마를 연구하여 그 인기의 비결을 찾아야 한다.

リーダー 리더 | 条件 조건 | あるいは 혹은 | 資質 자질 | 歴史物 역사물 | ずらりと 죽 | 並ぶ 늘어서다 | 今日 오늘날 | 企業 기업 | 求める 요구하다 | それゆえ 그런 고로 | 模索する 모색하다 | 現れ 표시, 현상 | 優れる 뛰어나다 | 戦国時代 전국 시대, 15세기 후반에서 17세기 초반 | 武将 무장 | 匹敵する 필적하다 | 幕末 에도 막부의 말기, 19세기 중반 이후 | 明治初期 메이지 초기, 1868년 이후 | 転換期 전환기 | 大河ドラマ 대하드라마 | 過言 과언 | 共通する 공통되다 | テーマ 테마, 주제 | 激動期 격동기 | 見事に 훌륭하게, 완벽하게 | 切り開く 열어가다, 개척하다 | 開幕 개막 | 年月 세월 | 混沌 혼돈 | 延長線上 연장선상 | 尊敬する 존경하다 | 犠牲にする 희생하다 | 捧げる 바치다 | 人間愛 인간애 | 徳目 덕목 | 物事 사물 | 見つめる 바라보다, 응시하다 | 生み出す 만들어내다, 내놓다 | 勢揃いする 한 자리에 모이다, 빠짐없이 갖추어지다 | 不祥事 불상사 | ドラマチック 드라마틱 | かっこいい 멋지다 | 変わり目 바뀔 때 | 指導者像 지도자상 | 探す 찾다 | 大義 대의 | 顧みる 돌보다, 보살피다 | 戸惑う 허둥대다, 당황하다 | 迷う 망설이다 | 時期 시기 | 武士道 무사도 | 則る 따르다 | 武道 무도 | 励む 힘쓰다 | 探究する 탐구하다 | 使命 사명 | 視聴率 시청률 | 秘密 비밀 | 探る 찾다

평생 교육을 외친 지도 오래되었다. 요즘 대학에서는 입학률도 높아졌지만, ①중퇴율도 높다고 하니 이해가 안 된다. 오직 자신이 공부하고 싶어서 주체적으로 입학한다기보다 학력 사회이므로, 또는 친구도 가니까 라는 타율적인 동기가 많은 것으로 보인다. 막상 입학해도 흥미를 느끼지 못 하고, 친구도 없다는 이유로 그만둔다고 한다.

사람은 사회에 나가면 다양한 장면이나 자신의 한계에 부딪치며, 그것을 극복하기 위해 여러 사람의 가르침을 받고 싶어진다. 학교에 재입학할 수가 없는 까닭에, 책방에 가서 책을 통해서 문제를 해결하려고 생각하고 있을 것이다. 오랜 해외 생활을 끝내고 십 몇 년 만에 일본에 돌아와 보니 일본인의 독서열은 여전히 뜨겁다. 전철 같은 데서는 많은 사람이 책을 읽고 있다. 물론 스트레스 해소용 만화책도 있겠지만, 문학이나 전문적인 책을 손에 들고 있는 사람도 많다.

②그런 현실을 보면서 새삼 평생 교육의 중요성을 재인식하게 되는 것이다. 사람이 언제라도 배우고 싶을 때에 배울 수 있는 제도나 시스템이 있다면, 큰 의미를 가진다.

그 때문에 생긴 것이 방송 대학이겠지만, 조금 더 사람이 모이지 않는 것은 왜일까? 기껏 교육 기관을 만들어도 이용자가 없으면 의미가 없다. 물론 방송 대학에서 배우는 것과 실제 대학에서 배우는 것과는 양으로 보나 질로 보나, 방송 대학이 뒤떨어진다고 생각하는 경향이 있다.

하지만 오늘날 인터넷의 보급으로 인해 자신의 집에 있으면서 모든 것을 실제적으로 공부할 수 있는 시대가 되었다. 요리의 향기는 무리일지 모르지만, 눈 앞에서 실제 만들고 있는 것 같은 착각도 가능한 시대가 되었다. 방송 대학의 미래는 컴퓨터의 등장에 의해 한층 더 비약이 가능하게 되었다고 말할 수 있을 것이다. (후략)

11 ①중퇴율도 높은 이유로서 필자의 생각에 가까운 것은 어느 것인가?

1 학력 사회이며 친구들도 모두 대학에 가기 때문에 지고 싶지 않으므로

2 타율적인 동기가 많은데다가 학문에 대한 흥미도 별로 없으므로

3 자율적인 동기가 적지 않은데다가 학문에 대한 흥미도 별로 없으므로

4 대학에 들어갈 때는 열심히 하려고 생각하지만, 막상 입학하면 놀거나 중퇴하는 사람이 많으므로

12 ②그런 현실이란 어떤 것인가?

1 일본인의 높은 독서열은 세계인들로부터 평가 받고 있다는 것

2 전철 안에서 많은 사람들은 스트레스 해소를 위해서 만화나 주간지 따위를 읽고 있다는 것

3 인간은 자기의 한계에 조우했을 때, 그것을 극복하려고 필사의 노력을 하는 것

4 사회에서 다양한 문제와 부딪치면 사람들은 서점에 있는 여러 가지 책을 읽으므로써 해결책을 찾으려고 한다는 것

13 이 문장에서 필자가 가장 말하고 싶은 것은 무엇인가?

1 옛날부터 방송 대학에서도 충분히 공부를 할 수 있었을 것이다.

2 신문명의 보급에 의해서, 간접적인 공부도 상당 부분 가능하게 되었다.

3 평생 교육의 중요성을 알고, 방송 대학에서도 평생 교육 강좌를 여는 게 좋을 것 같다.

4 요리학과는 무리일지 모르지만, 보통 학과라면 방송 대학에서도 충분히 실력을 기를 수 있다.

生涯教育 평생 교육 | 叫ぶ 외치다 | 久しい 오래되다 | 中退率 중퇴율 | 主体的に 주체적으로 | 学力 학력 | ゆえ 때문 | 他律的 타율적 | いざ 막상, 정작 | 場面 장면 | 克服する 극복하다 | 再度 재차 | 読書熱 독서열, 독서 열기 | 相変わらず 여전히 | 解消的 해소적 | マンガ本 만화책 | 専門的 전문적 | 手に取る 손에 쥐다, 들다 | 〜に付け 〜와 관련해서 | 改めて 새삼스럽게 | 再認識する 재인식하다 | 放送大学 방송 대학 | 今一つ 조금, 약간 (부족하다) | せっかく 기껏, 모처럼 | 教育機関 교육 기관 | 量 양 | 質 질 | いながらにして 있으면서 | 〜勝ち 자주 〜함, 〜하는 경향이 있음 | 普及 보급 | 匂い 냄새, 향기 | 錯覚 착각 | 登場 등장 | 更なる 가일층의, 한층 더 | 飛躍 비약 | 学問 학문 | 自律的 자율적 | 評価する 평가하다 | 漫画 만화 | 週刊誌 주간지 | 遭遇する 조우하다, (우연히) 만나다 | 必死 필사 | 見つける 찾다, 발견하다 | 間接的 간접적 | だいぶ 상당히, 꽤 | 実力を養う 실력을 기르다

내용 이해 - 장문

문제 10 다음 문장을 읽고, 다음 질문에 대한 답으로써 가장 적절한 것을 1·2·3·4에서 하나 고르시오.

프로 야구 선수의 일 년간의 수입은 사람에 따라 천차만별이지만, 적어도 정규 멤버의 수입은 일반 샐러리맨보다는 훨씬 많을 것이다. 옛날에 일본에는 사농공상(注1)이라는 사회적 가치 기준이 있었다. 물론 기술이나 장사 자체를 경시했다는 말은 아니지만, ①가급적이면 보다 상류인, 편한 계급이 되고 싶다는 목표를 향한 정열이 강했던 것은 부정할 수 없다.

근대, 현대를 거치면서 이러한 정열은 아주 엷어졌지만, 완전히 없어졌다고는 말하기 어려운 부분이 있다. 지금도 어미에 '사'가 붙는 직업, 즉 세무사·변호사·행정 서사와 같은 직업을 동경하는 사람이 적지 않기 때문이다.

그러나 ②전해져 오는 그러한 관념은 점점 엷어지고 있으며, 근래에는 탤런트·배우·가수를 비롯하여 만화가 같은 사람이 되고 싶다는 아이들도 적지 않다. 축구나 야구 선수가 되고 싶다는 청소년도 적지 않다. 센트럴 리그(注2)나 퍼시픽 리그(注3) 또는 프로 축구 선수가 될 수 있으면 돈과 명예가 동시에 들어온다고 꿈꾸는 사람도 적지 않을 것이다.

일본 전국의 고등학교 수는 약 5,000개교. 그 중 야구부를 가지고 있는 곳은 약 4,000개교라고 한다. 그 많은 수에 압도될 것 같다. 그러나 운동을 하면 아무래도 공부는 소홀해지기 십상이며, 운동으로 성공하지 못 한다면 어떻게 할 것인가, 생각하지 않으면 안 되는 문제일 것이다. ③보통 사람이 대학을 나와 중견 이상의 회사에 들어갈 확률보다도 훨씬 낮은 프로 운동 선수가 되기 위해서는, 기량을 닦기 위한 상당한 시간과 노력이 필요하다. 운동에 힘쓰는 만큼 공부를 할 시간도 점점 없어진다.

각종 지식이 범람하는 이 사회를 행복하게 살기 위해서는 어떤 분야에 대한 전문성과 함께 폭넓은 식견도 필요할 것이다. 수학도 물리도 역사도 공부하지 않으면 안 된다. 외국어 같은 것은 말할 것도 없다. 운동만 하고 미래가 보장된다면 더할 나위 없겠지만, 현실은 냉엄하다. 그러니까 최소한도의 학력도 갖춰야 한다고 생각하는 것이다.

옛날 식으로 말하면, 문무 양도를 실천하는 선수가 많이 나타나길 바라는 것이다. 그것은 운동에서 잘 풀리지 않는 것에 대비한다기 보다는, 현역을 끝낸 다음 장차 지도자로서 계속 활약해 주길 바라기 때문이다. 뜨거운 마음을 불태우고 있는 젊은 선수들에게 행운 있으라!

(注1) 士農工商 : 사농공상. 봉건 시대의 계급 제도

(注2) セリーグ : 일본 프로 야구 리그명의 하나. 센트럴 리그의 약칭

(注3) パリーグ : 일본 프로 야구 리그명의 하나. 퍼시픽 리그의 약칭

14 ①가급적이면 보다 상류인, 편한 계급이 되고 싶다는 목표를 향한 정열이 강했다라고 되어 있는데, 그것은 왜인가?

  1 당시 장사는 가벼이 여겨지고 있었기 때문에

  2 당시 농업은 중히 여겨지고 있었기 때문에

  3 사농공상과 같은 사회적 가치 기준에 대한 관념이 강했기 때문에

  4 물건을 만드는 일을 하면 가벼이 보았기 때문에

15 ②전해져 오는 그러한 관념은 점점 엷어지고 있으며, 근래에는 탤런트·배우·가수를 비롯하여 만화가 같은 사람이 되고 싶다고 생각하는 아이들도 적지 않다라고 되어 있는데, 그것은 왜인가?

  1 사농공상이라고 하는 관념은 진부한 것이므로

  2 전해져 오는 관념을 가진 채라면, 현대생활에 따라갈 수 없으므로

  3 전해져 오는 가치관에 의문을 가지는 아이들이 많아졌으므로

  4 명예와 금전적 여유를 확보하는 방법이 다양해졌으므로

16 ③보통 사람이 대학을 나와 중견 이상의 회사에 들어갈 확률보다도 훨씬 낮은 프로 운동 선수라고 되어 있는데, 그것은 왜인가?

  1 급료면에서 프로의 정규 선수가 훨씬 높기 때문에

  2 운동 선수를 지향하는 예비군의 수가 너무 많기 때문에

  3 프로 야구팀이 너무 적기 때문에

  4 전해져 오는 가치관은 이미 시대에 맞지 않은 것으로 되고 있으므로

17 이 문장을 통해서, 필자가 가장 말하려고 하는 것은 무엇인가?

  1 운동 선수라면 운동에만 (승부를) 걸어야 한다.

  2 운동이면 운동, 공부라면 공부로, 여하튼 하나로 좁혀서 힘써야 한다.

  3 확률이 낮더라도 폭넓은 분야에서 힘써야 한다.

  4 확률도 확률이지만 긴 안목으로 보고 스스로를 폭넓게 연마해야 한다.

収入 수입 | 千差万別 천차만별 | レギュラーメンバー 레귤러 멤버, 정식 멤버, 정규 멤버 | サラリーマン 샐러리맨 | はるかに 훨씬 | 士農工商 사농공상 | 商売 장사 | 軽視する 경시하다 | 上流 상류 | 階級 계급 | 目標 목표 | 情熱 정열 | 否めない 부정할 수 없다 | 経る 흐르다, 지나다 | 薄れる 엷어지다, 약해지다 | 語尾 어미, 말끝 | 税理士 세무사 | 弁護士 변호사 | 行政書士 행정 서사 | 憧れる 동경하다 | 観念 관념 | 段々 점점 | タレント 탤런트 | 俳優 배우 | セリーグ 센트럴 리그 | パリーグ 퍼시픽 리그 | 名誉 명예 | 夢見る 꿈꾸다 | 圧倒する 압도하다 | おろそ

かだ 소홀하다, 등한하다 | **中堅** 중견 | **確率** 확률 | **腕をみがく** 기술이나 기능을 갈고닦다, 연마하다 | **相当な** 상당한 | **要る** 필요하다 | **回す** 돌리다 | **どんどん** 점점 | **多種多様** 다종다양, 가지각색 | **氾濫する** 범람하다 | **幅広い** 폭넓다 | **見識** 견식 | **物理** 물리 | **保証する** 보증하다 | **最小限度** 최소한도 | **昔風** 고풍, 옛날 방식 | **文武両道** 문무 양도 | **実践する** 실천하다 | **備える** 대비하다 | **現役** 현역 | **のちのち** 장차, 장래, 언젠가는 | **活躍する** 활약하다 | **熱き心** 뜨거운 마음 | **燃やす** 불태우다 | **若き** 젊은 | **幸** 행복 | **封建時代** 봉건 시대 | **軽んじる** 얕보다, 가볍게 보다 | **農業** 농업 | **重んじる** 중히 여기다 | **就く** 착수하다 | **陳腐** 진부 | **疑問を抱く** 의문을 품다 | **金銭的** 금전적 | **余裕** 여유 | **確保する** 확보하다 | **給料面** 급료면 | **予備軍** 예비군 | **しぼる** 좁히다, 짜다

문제 11 다음 A와 B의 의견문을 읽고, 다음 질문에 대한 답으로써 가장 적절한 것을 1·2·3·4에서 하나 고르시오.

A

혈액형으로 성격을 판단하는 것을 좋아하는 사람이 있다. A형은 저렇고 B형은 이렇다. AB형은 저렇고 O형은 이렇다는 식으로 거의 종교의 가르침처럼 받아들이고 있다. 또 손금을 보고 운명을 점치는 사람도 적지 않다. 또 별자리로 성격을 감별하는 사람도 있다. 내 경우에는 이런 것들을 놀이로서 다룬다면 납득할 수 있지만, 그 이상의 의미를 가지는 것으로서 다루는 데에는 반대이다. A형은 신경이 섬세하고 근면하며 지속성이 있다고 흔히 말하지만, 나 자신에게는 무엇 하나 맞지 않는다. 느긋한 편이며 자잘한 것에는 연연하지 않는 파(派). 근면한 편도 아니고 지속성도 없다. 물론 가족이나 친구 등, 주위 사람들 중에서 들어맞는 확률이 높은 사람도 있기는 있지만, 그야말로 A형은 이렇다고 하는 선입관에 의해서 만들어진 환상이라고 보고 있다. 이렇다 저렇다 하고 결정짓는 것은 곤란하다.

B

인간의 몸 속을 흐르는 혈액은 드문 것까지 계산에 넣으면 몇 십 종류나 된다고 한다. 그러나 일반적으로 A·B·AB·O형의 4종류와 그것들이 Rh+형, Rh−형으로 나뉘어져 8종류로 헤아린다. 틀(型)이라고 하는 것은 같은 성질을 가진 것끼리 하나의 테두리 안에 넣었다는 뜻이니까, 당연히 서로 닮은 데가 있을 것이다. 예컨대 이상 추구형으로 정신력이 강하고, 동화 같은(注1) 취미를 가지고 있지만, 곧잘 싫증을 낸다는 AB형의 특징에 내 자신은 딱 들어맞는다. 자기 방식형으로 낙천적, 뻐기지 않는, 실용주의자는 B형의 특징. 아내의 경우는 전형적인 타입. 내 주위 사람들은 거의 자신의 '틀(型)'에 딱 맞는 충실파들뿐. 물론 찾아보면 다소 틀에서 벗어나는 예외적 존재도 없다고도 말하지 못 하지만, 대개 전형적이며 틀 그대로이다. 오랜 인간 탐구와 통계학의 지원에 의해 형성된 혈액형 성격 감별법은 나름대로의 신빙성이 있다.

(注1) メルヘンチックな : 동화의 세계와 같은

---

18 A와 B 어느 쪽의 의견문에도 언급되고 있는 내용은 어느 것인가?

1 손금

2 전형적인 타입

3 별자리

4 선입관 감별법

19 A의 필자의 혈액형과 성격을 바르게 나타내고 있는 것은 어느 것인가?

1 A형으로 신경이 섬세하고 지속성이 있다.

2 A형으로 느긋하나, 지속성이 없다.

3 Rh-A형으로 낙천적이며 재지 않는다.

4 AB형으로 이상 추구형이며 정신력이 강하다.

20 혈액형에 의한 성격 감별법에 대하여, A의 내용과 B의 내용으로서 바른 것은 어느 것인가?

1 A도 B도 잘 들어맞는 사람이 많다고 말하고 있다.

2 A도 B도 별로 안 들어맞는다고 말하고 있다.

3 A는 부정적인 입장이지만, B는 적극적으로 인정하고 있다.

4 A는 예외가 적다고 말하고 있지만, B는 많다고 말하고 있다.

血液型 혈액형 | ～型 ～형 | ああ 저렇게 | こう 이렇게 | 受け止める 받아들이다 | 手相 손금 | 運命 운명 | 占う 점치다 | 星座 별자리 | 鑑別する 감별하다 | 扱う 다루다, 취급하다 | 神経 신경 | 細やかだ 섬세하다, 세밀하다 | 勤勉 근면 | 持続性 지속성 | 当てはまる 들어맞다 | おおらかだ 대범하고 느긋하다 | 細かい 작다, 사소하다 | こだわる 사소한 일에 얽매이다, 구애되다 | 派 파 | 先入観 선입관 | 作り出す 만들어 내다 | 幻想 환상 | 決めつける 일방적으로 단정하다 | 稀な 드문 | 計算 계산 | 数える 헤아리다 | 性質 성질 | ～同士 ～끼리 | 枠内 테두리 안 | 収める 넣다, 거두다 | 似通う 서로 닮은 데가 있다 | 理想追求型 이상 추구형 | メルヘンチックな 동화 같은 | 飽きっぽい 싫증을 잘 내다 | ちゃんと 정확히, 딱 | マイペース型 자기 방식형 | 楽天的 낙천적 | 気取る 젠체하다 | 実用主義者 실용주의자 | 家内 아내 | ステレオタイプ 전형적인 타입 | 連中 (친구) 녀석들 | 型 형, 틀 | はまる 꼭 맞다 | 充実ぶり 충실한 모습 | 多少 다소 | はみ出す 비어져 나오다, 벗어나다 | 例外的 예외적 | 大概 대개, 대체로 | 典型的 전형적 | 統計学 통계학 | 支援 지원 | 形作る 틀을 이루다, 형성하다 | 鑑別法 감별법 | 信憑性 신빙성 | 童話 동화

문제 12 다음 문장을 읽고, 다음 질문에 대한 답으로써 가장 적절한 것을 1·2·3·4에서 하나 고르시오.

초등학교 시절 「ポケットベル」라고 하는 '문명의 이기'가 나왔을 때, ①<u>무척 신기해했던</u> 것을 기억하고 있다. 이동 중인 사람에게 전화로 신호를 보내, 연락을 취하는 구조의 기기였다. 갓 시판되었을 때는 꽤나 값이 비싸, 누구나 살 수 있는 것은 아니었는데, 기술 진보의 덕분인지 경쟁의 결과인지 점점 싸져서 고등학생 무렵에는 나도 구입해서 사용했다.

'신호를 보낸다'라고 하는 것은 문자가 아니라는 뜻. 숫자를 보낸다는 것인데, 이게 의외로 똑똑해서 간단한 내용이라면 제법 전할 수가 있었던 것이다. 현재의 휴대 전화처럼 자유로운 통화는 물론 불가능하지만, 생각 이상으로 볼일을 볼 수가 있었던 것이다.

「ポケットベル」는 일본에서 쓰는 통명이고, 영어로는 'Pager' 또는 'Wireless call(무선 호출)'이라고 불렀다. 후에 「ポケベル」로 이름이 줄어든다. 「ポケベル」는 처음에는 벨을 울리고 이쪽의 전화번호를 표시만 하는 기능이었는데, 점점 진화하여 몇 가지 숫자를 보낼 수 있게 되었다. 즉, 발신 번호와 숫자의 송신에 의해 '어서 이쪽으로 전화해 줘'에서 '무엇 무엇을 해 줘'로 발전한 것이다.

예컨대, '084'는 「おはよう」이며 '0833'은 「おやすみ」. '105216'은 '10'이 「と→ど」, '5'가 「ご→こ」, '2'가 「に」, '1'이 「い」, '6'이 「ろ→る」이므로, 「(　　A　　)」가 된다. '106410'는 「TELして」라는 의미. '10'이 영어 「TEN」, 맨끝의 한 글자를 떼서 「(　　B　　)」, '6'이 「ろ→る→L」, '4'가 「し」, 한 번 더 나온 '10'는 「てん」으로 읽지 않고 「ん」을 떼서 「(　　C　　)」로 읽는 방식으로 말이다.

②<u>귀엽다고 해야 할지, 안쓰럽다고 해야 할지</u>. 불충분하고 불완전하면서도 최대한 지혜를 짜내 최소한도의 의사를 그럭저럭 전할 수가 있었던 것이다. 간신히 의사를 전한 만큼 원하는 대로 바라는 대로 일이 움직여도 주었다.

100% 읽기 쓰기가 가능한 같은 일본인과의 대화보다도 몇 마디 더듬거리는 외국인이 말하는 대화가 훨씬 재미있듯이, 아슬아슬 닿을락말락 끊길듯이 연결되는 마음과 마음의 교류가 거기에는 있었던 것이다. 「かわいい」와 「かわいそう」는 의미는 전혀 다른데도 발음이 비슷하다. 일본어를 배우는 외국인이 잘 틀린다는 이 두 개의 어휘가 연속적으로 쓰이는 장면은 그렇게 많지는 않을 것이다. (중략)

언제라도 어디서라도 무슨 이야기라도, 몇 시간이라도 서로 말할 수 있게 된, 휴대 전화기(期)를 넘어, 텔레비전도 컴퓨터도 신문도 장악(?)할 수 있게 된 스마트폰(注1) 시대를 우리들은 살아가고 있다. 문명의 이기의 발달은 고맙지만, 쓰기가 좋아진 만큼 우리들의 의리·인정·애정·신뢰도 늘어났을까? 말하기 쉬워진 만큼 잊기 쉬워진 것은 아닌가, 무언가 생각하게 되는 요즘이다.

(注1) スマホ : 스마트폰의 약칭

21 <u>무척 신기해했던</u>이라고 있는데, 왜인가?

1 값이 아주 비쌌기 때문에

2 꽤 유용하였기 때문에

3 고등학생이 되고 싸졌기 때문에

4 이동 중인 사람에게 연락을 취할 수 있었기 때문에

22 (A)와 (B)와 (C)에 들어갈 것으로서 가장 알맞은 것은 어느 것인가?

1 A : どこにいる　　　B : て　　C : て

2 A : どこにいる　　　B : TE　　C : て

3 A : どこにいる　　　B : TE　　C : TE

4 A : どこにいるの　　B : て　　C : TE

23 ②귀엽다고 해야 할지, 안쓰럽다고 해야 할지라고 있는데, 왜 필자는 이런 말을 하고 있는 것인가?

1 작은 기기이기 때문에 사용 방법은 다채롭지 않았지만, 어떻게든 지혜를 내어 열심히 사용했기 때문에

2 작은 기기이기 때문에 지혜를 내어 열심히 사용해도 한계가 있었기 때문에

3 작은 기기인데도, 값이 비싼데다가 사용 방법이 한정되어 있었기 때문에

4 작은 기기인데도, 열심히 사용했기 때문에

24 이 문장에서, 가장 중점을 두고 있는 것은 어느 것인가?

1 기술 혁신이 이루어진 것은 좋은 일이지만, 매너나 신의 등을 잘 지키고 있는지 반성하고 싶다.

2 포켓벨에서 휴대 전화를 거쳐 스마트폰에 이르기까지, 단기간에 기술 혁신이 이루어진 것은 대단하다고 밖에 말할 수 없다.

3 포켓벨에서 휴대 전화를 거쳐 스마트폰에 이르러, 더더욱 그 사용법이 늘어났다.

4 기술 혁신이 이루어지는 것은 좋은 일이지만, 그 스피드가 너무 빨라서 따라갈 수 없다.

ポケットベル 무선 호출기(＝ポケベル), 포켓벨, 삐삐 ｜ 文明の利器 문명의 이기 ｜ 不思議だ 불가사의하다, 신기하다 ｜ 移動 이동 ｜ 連絡を取る 연락을 취하다 ｜ 仕組み 얼개, 구조 ｜ 器機 기기 ｜ 市販する 시판하다 ｜ 値の張る 값이 비싼, 값이 나가는 ｜ 進歩 진보 ｜ 競争 경쟁 ｜ 購入する 구입하다 ｜ 賢い 영리하다, 똑똑하다 ｜ 携帯電話 휴대 전화 ｜ 通話 통화 ｜ 用が足りる 볼일을 볼 수 있다 ｜ 通名 통명, 통칭 ｜ 無線 무선 ｜ 呼び出し 호출 ｜ のち 후, 나중 ｜ 縮まる 줄어들다 ｜ ベルを鳴らす 벨을 울리다 ｜ 表示する 표시하다 ｜ 進化する 진화하다 ｜ 発信 발신 ｜ 送信 송신 ｜ 一文字 한 글자 ｜ 具合 방식 ｜ 不十分 불충분 ｜ 不完全 불완전 ｜ 最大限 최대한 ｜ 絞り出す 짜내다 ｜ 意思 의사 ｜ どうにか 그럭저럭 ｜ かろうじて 겨우, 간신히 ｜ 望む 바라다 ｜ 事が動く 일이 움직이다 ｜ 読み書き 읽기 쓰기 ｜ 片言 몇 마디 말 ｜ たどたどしい 어설프다, 더듬거리다 ｜ 発する 밖으로 내다, 발하다 ｜ ぎりぎり 빠듯함 ｜ すれすれ 닿을락말락함, 아슬아슬함 ｜ 繋がる 이어지다, 연결되다 ｜ 触れ合い 인간적인 교류 ｜ かわいそう 불쌍함 ｜ 発音 발음 ｜ 似る 닮다 ｜ 間違える 틀리다 ｜ 語彙 어휘 ｜ 連続する 연속하다 ｜ 掌握 장악 ｜ スマホ 스마트폰 ｜ 発達 발달 ｜ 使い勝手 사용하기 편리한 정도 ｜ 増す 많아지다, 늘다 ｜ 義理 의리 ｜ 人情 인정 ｜ 情愛 정애, 애정 ｜ 信頼 신뢰 ｜ スマートフォン 스마트폰 ｜ 略称 약칭 ｜ 役に立つ 도움이 되다, 유용하다 ｜ 多彩だ 다채롭다 ｜ 重き 중점 ｜ マナー 매너 ｜ 信義 신의 ｜ 省みる 반성하다, 되돌아보다 ｜ 短期間 단기간

문제 13 다음은 일본의 외국인 유학생 협회가 실시하는 '외국인 변론 대회' 모집 요강이다. 아래의 질문에 대한 답으로써, 가장 적절한 것을 1·2·3·4에서 하나 고르시오.

응모 자격

1 참가 희망자는 반드시 외국인일 것.

2 참가 희망자는 유학생뿐만 아니라 사회인이라도 관계없으나 20세 이상일 것.

3 일본 출생인 외국인의 응모는 원칙적으로 불가이다. 단, 연속해서 3년 이상 체류하지 않은 자는 참가가 가능하다. 예를 들어 1년간 살고 본국에 돌아가서 1년 이상 지나고 난 후, 다시 일본에 와 3년 경과하지 않는 등의 경우는 응모 자격 있음.

4 연속해서 3년간 일본에 살고 있지 않은 경우라도, 전체적으로 일본 체류가 5년이 넘는 자는 응모 자격이 없다.

응모 방법

1 참가 희망자는 하기 이메일로 약 7분 분량의 스피치 원고를 보내, 사전 심사(1차 심사)를 받아 주십시오.

2 사전 심사의 마감은 8월 7일까지입니다.

3 내용은 일본과 본국과의 비교 등 독특한 시점의 원고가 요망된다.

4 1차 심사 통지에 만전을 기하고 있는데, 뜻밖의 누락이 있어서는 안 되므로, 반드시 당 협회의 홈페이지를 확인해 주십시오. .

5 스피치 원고가 1차 심사를 통과한 자에 한하여, 8월 15일까지 원고를 녹음한 테이프 또는 CD, 혹은 음성 첨부 파일을 협회에 보낼 것.

6 응모에 대한 질문 등은 아래로 연락 주십시오. 그리고 1차 심사를 통과한 자는 출입국 증명서를 제출해 주십시오.

7 기타 질문이 있는 분도 아래로 문의해 주십시오.

Tel : XXX-4321-6767

Fax : XXX-4321-6768

이메일 : abcdefg@hijk.co.jp

---

25 다음 중 응모할 수 있는 사람은 누구인가?

1 A씨는 일본에서 1년간 어학 연수를 받은 다음, S대학에 입학이 결정되어 3학년 1학기까지 다닌 다음, 본국에 1년간 돌아가서 금년 7월에 일본에 되돌아왔다. 금년 12월, 스무 살을 맞이한다.

2 B씨는 일본에서 태어나 7살까지 살았으며 작년부터 다시 일본에 와서 만 2년 지났다.

3 C씨는 어학 연수를 받지 않고 한국에서 직접 일본의 대학에 입학할 수 있었는데, 2학년 1학기까지 마치고 군대 입대 때문에 본국에 2년 반 돌아갔다가 작년 12월에 재차 일본에 왔다.

4 D씨는 일본의 초등학교에 3년 동안 다닌 경험이 있으며 지금 모 대학 3학년에 재학 중이다.

26 F씨는 일본에 2년 반 체류하고 나서 본국에 돌아갔다가 약 2년 반 전에 재차 일본에 와서 살고 있다. 일본 체류 기간은 합해서 4년하고 11개월이다. F씨의 상황으로 바른 것은 어느 것인가?

1 거의 5년간 일본에 산 것이 되므로 응모할 수 있는지 어떤지 협회에 문의하지 않으면 안 된다.

2 전체적으로 5년을 지나지 않았으므로 그대로 응모해도 상관없다.

3 응모 원서를 내기 전에 출입국 증명서를 첨부하지 않으면 안 된다.

4 응모 자격이 없으므로 응모할 수 없다.

協会 협회 | 弁論大会 변론 대회 | 募集 모집 | 要項 요강 | 応募 응모 | 語学研修 어학 연수 | 学期 학기 | 本国 본국 | 戻る 되돌아오다 | 満 만 | 直接 직접 | 軍隊 군대 | 入隊 입대 | 来日 내일, 방일 | 某〜 모〜 | 在学中 재학 중 | 滞在する 체재하다, 체류하다 | 合わせて 합해서, 모두 | 状況 상황 | 問い合わせる 문의하다 | 過ぎる 지나다, 넘다 | 願書 원서 | 出入国証明書 출입국 증명서 | 添える 덧붙이다, 첨부하다 | 資格 자격 | 参加希望者 참가 희망자 | 〜生まれ 〜출생 | 原則 원칙 | 不可 불가 | 但し 단지, 다만 | 経過する 경과하다 | 下記 하기 | Eメール 이메일 | スピーチ 스피치 | 原稿 원고 | 事前審査 사전 심사 | 締め切り 마감 | ユニークな 유니크한, 독특한 | 視点 시점 | 望まれる 요망되다 | 通知 통지 | 万全を期する 만전을 기하다 | 思わぬ 뜻밖의, 예상치 못한 | モレ 누락 | ホームページ 홈페이지 | 確かめる 확인하다 | 通る 통과하다 | 録音する 녹음하다 | もしくは 혹은 | 音声 음성 | 添付ファイル 첨부 파일 | 提出する 제출하다

問題8 1③ 2② 3④ 4②　　問題9 5④ 6③ 7① 8④ 9② 10① 11② 12② 13④

問題10 14④ 15④ 16② 17③　　問題11 18③ 19④ 20③

問題12 21④ 22④ 23③ 24④　　問題13 25④ 26③

문제 8 다음 문장을 읽고, 다음 질문에 대한 답으로써 가장 적절한 것을 1·2·3·4에서 하나 고르시오.

> 　비만이 인지증(注1)의 원인의 하나가 될 수 있다는 의학계의 발표가 있었다. 특히 여성의 경우 그 경향이 보다 현저하다고 한다. 남성 비만자의 경우는 전체적으로 여성에 비해 약 15% 정도 낮은 발생율을 보이고 있다고 한다. 또 연령이 올라감에 따라 남녀의 발생율에 차이가 있는데, 80세를 넘으면 그 차이는 거의 없어지고 85세 정도에 달하면 남녀의 차이는 완전히 없어진다. 어쨌든간에 비만은 만병의 근원이며 인류의 공동의 적. 젊을 때부터 체중 관리를 하는 것이 중요한 것은 말할 필요도 없을 것이다.
>
> (注1) 認知症 : 이미 획득한 지적, 정신적 능력을 상실하고 정상적인 생활을 하기 어려운 상태

1 이 문장의 내용과 맞는 것은 어느 것인가?

1 비만에 의해서 인지증에 걸리는 사람은 남성이 많다.

2 비만에 의해서 인지증에 걸리는 사람은 여성이 적다.

3 비만에 의한 인지증의 발생률은, 80세에 달하면 남녀의 차이는 적다.

4 비만에 의한 인지증의 발생률은, 85세가 되어도 여성이 약간 높다.

肥満 비만 | **認知症** 인지증, 치매 | **原因** 원인 | **医学界** 의학계 | **発表** 발표 | **傾向** 경향 | **顕著** 현저 | **発生率** 발생률 | **年齢** 연령 | **男女** 남녀 | **開き** 벌어짐, 차이 | **達する** 달하다 | **全く** 완전히 | **いずれにせよ** 여하튼 | **万病の元** 만병의 근원 | **共同の敵** 공동의 적 | **体重管理** 체중 관리 | **すでに** 이미 | **獲得する** 획득하다 | **喪失する** 상실하다 | **正常な** 정상적인 | **やや** 약간, 조금

> 　자전거란 '스스로 구르는 차'라고 씁니다. 마찬가지로 자동차도 '스스로 움직이는 차'라고 쓰죠. 말 그대로 정말 저절로 움직이는 것일까요?
>
> 　자전거도 자동차도 서양 말의 일본어 번역인 것입니다. 서양에서 그것들이 일본에 들어왔을 때, 이름이 없으면 이상하니까 누군가가 붙였겠죠. 이름은 어찌 되었든, 발로 페달을 밟아야 비로소 움직이는 것이며, 열쇠를 꽂아서 돌려야 비로소 엔진이 부릉부릉 하는 것이니까 뭐 자동적으로 구르거나 움직이거나 하는 것은 아닙니다. 어찌하여 '自'를 붙였는지 알 수 없습니다만, 아무리 '自'가 붙어 있어도 최소한도의 계기, 즉 인간의 작용은 필요하다는 것이겠죠. (중략)

2 결국 필자가 말하고 싶은 것은 무언인가?

> **1** 손쓰는 것(원동력 부여)보다 중요한 것은 없다.
>
> **2** 최소한도의 노력 없이 무언가를 얻는 것은 어렵다.
>
> **3** 자동차도 자전거도 인간이 움직이는 것이다.
>
> **4** 자동차도 자전거도 서양에서 들어온 것이다.

自転車 자전거 | **自ら** 스스로 | **転がる** 구르다 | **正しく** 확실히, 틀림없이 | **ひとりでに** 자연히, 저절로 | **洋語** 서양어, 서양 말 | **和訳** 일본어역 | **西洋** 서양 | **入り込む** 깊숙히 들어오(가)다 | **呼び名** 호칭, 이름 | **付ける** 붙이다 | **漕ぐ** 페달을 밟다, 젓다 | **はじめて** 비로소 | **キー** 키, 열쇠 | **差し込む** 꽂다 | **自動的** 자동적 | **きっかけ** 계기, 출발점, 시작 | **働きかけ** 손씀, 작용, 압력 | **動かす** 움직이게 하다

> '역설적인 말투이지만 살찌고 싶지 않으면 먹으시오'라고 말하는 의사가 있다. 그에 따르면 식사를 거르거나 불규칙한 섭취를 하면 몸의 자기방어 본능이 작동하여, 오히려 살찌기 쉬워진다고 한다. 먹었다 안 먹었다 하면 영양 밸런스도 깨져 반대로 배가 나오는 경우도 있다고 한다. 건강하게 살 빠지는 비결은 역시 규칙 바른 생활과 영양 밸런스, 그리고 알맞은 운동보다 좋은 것은 없다고 말한다. 식사만 하지 않으면 살을 뺄 수 있다고 생각하는 것은 옳지 않은 것으로 안 했으면 좋겠다고 말하고 있다.

3 문장 안의 역설적인 말투란 무엇을 가리키고 있는가?

> **1** 건강하게 살을 빼려면, 영양 밸런스를 생각한 레시피가 필요하다.
>
> **2** 건강하게 살을 빼려면, 제대로 일하는 것이 중요하다.
>
> **3** 건강하게 살을 빼려면, 규칙 바른 생활은 빼놓을 수 없다.
>
> **4** 건강하게 살을 빼려면, 너무 먹지 않는 것도 좋지 않다.

逆説的 역설적 | **太る** 살찌다 | **食事を抜く** 식사를 거르다 | **不規則** 불규칙 | **自己防衛本能** 자기방어 본능 | **栄養バランス** 영양 밸런스 | **崩れる** 무너지다, 깨지다 | **逆に** 반대로, 거꾸로 | **お腹が出る** 배가 나오다 | **痩せる** 마르다, 살이 빠지다 | **コツ** 비결, 요령 | **適度な** 알맞은 | **よろしからぬ** 옳지 않은, 좋지 못한 | **レシピ** 레시피 | **ちゃんと** 제대로 | **欠かす** 빠뜨리다

인간의 지력(注1)의 피크는 몇 살쯤일까? 40세 전후라고 말하는 사람도 있는 모양인데, 나는 그렇게 생각하지 않는다. 확실히 40이라고 하면 인생의 경험도 여러 가지 쌓았으며, 한창 일할 나이이므로 지력이 쑥 올라오는 시기이기는 하지만, 그래도 '이르다'. 50세가 피크? 그것도 이르다. 인간의 희로애락 전부를 50세로 그 대략을 알 수 없다. 60세가 피크? '증손주도 안아 보지 않고 뭘 알아!'하며 70대 사람이 말한다. 분명히 인간은 연령의 증가(注2)에 따라 신체는 약해져 간다. 그러나 지력이라는 것은 경험한 수가 많은 만큼 높다고 나는 보고 있다. 기억력이 떨어지고 지력이 손상 받지 않는 한 그것은 분명하다고 생각한다.

(注1) 知力 : 지혜의 힘. 지혜의 작용

(注2) 加齢 : 나이를 먹는 것. 장년기 이후를 가리키는 경우가 많다

4 이 문장에서 필자가 말하고 싶은 것은 무엇인가?

1 지력은 연령의 증가에 의해 높아진다.

2 지력은 경험과 연령에 의해 높아진다.

3 손주가 있는 70대 분이 손주가 없는 60대보다 지력이 낮다.

4 손주가 없는 70대 분이 손주가 있는 60대보다 지력이 높다.

知力 지력 | ピーク 피크, 절정 | 積む 쌓다, 모으다 | 働き盛り 한창 일할 나이, 때 | ぐんと 쑥 | 喜怒哀楽 희로애락 | 大方 대략, 대부분 | 曽孫 증손 | だっこする 안다 | 加齢 가령, 나이를 먹는 것 | 身体 신체 | 記憶力 기억력 | 損なわれる 손상되다 | 歳を取る 나이를 먹다 | 壮年期 장년 | 孫 손자

문제 9 다음 문장을 읽고, 다음 질문에 대한 답으로써 가장 적절한 것을 1·2·3·4에서 하나 고르시오.

신종 플루가 세계적으로 맹위를 떨친 적이 있다. 당시 WHO는 가장 높은 순위로 세계를 향해 주의, 예방을 환기하여 대소동이 벌어졌던 것이다. 신종 플루에 의해, 노인은 물론, 어린이나 젊은이에게는 급성 폐렴에 의한 사망자까지 나타나 ①우리들을 긴장시켰다.

기존의 항생제로는 효과가 없고 타미플루 등, 신약을 쓰지 않으면 안 된다. 예방 접종이 필요한데, 그 절대량이 부족했었다. 제약 회사가 필사적으로 제조했지만 충분하지 않은 상태였다. 신종 플루는 어느 주기를 거쳐 다시 발생할 가능성이 있기 때문에 긴장을 늦추어서는 안 된다.

새로운 바이러스에 의해 인류의 존망의 위기가 찾아온다는 식의 영화도 만들어지고 있다. 영화와 같은 일이 실제로 일어나지 않도록 하려면 무엇이 필요할까. 몇 가지 생각해 볼 수 있다.

일단은 평소의 건강 관리에 주의하는 일일 것이다. 양치질(가글링), 손씻기의 실천(注1)은 물론, 균형 잡힌 식사, 알맞은 운동, 스트레스 해소와 같은 것이 중요하다. 인간이 가진 면역력을 높이면 병은 저절로 멀어져 간다고 한다. 그 면역력을 높이려면 앞에서 말한 주의사항이 키포인트가 된다.

두 번째로는 의료 기관 및 제약 회사의 충실함이 필요하다. 급성 폐렴에 걸리더라도 그에 대응할 수 있는 의료 체제가 정비되어 있으면 아직 다행이지만, 그렇지 않으면 정말 큰 문제이다. 의사, 의료 설비의 충실함은 당연히 빼놓을 수 없다.

세 번째로는 정부, 지방 자치 단체에 의한 의료제도의 완비 및 지원이 필요하다 하겠다. 이러한 신종의 병이 큰 ②인재가 되지 않도록 주도면밀한 준비가 요구된다.

(注1) 励行 : 정한 일, 정해진 일을 그대로 실행하는 것

5 ①우리들을 긴장시켰던 이유로서, 관련성이 약한 것은 어느 것인가?

1 예방 접종이 필요한데 신약의 절대량이 부족하여 (접종을) 받지 못 하는 사람도 있었기 때문에

2 지금까지의 항생 물질을 사용할 수 없고 더군다나 어린이, 젊은 층 그리고 노인까지 사망자가 나왔기 때문에

3 어느 주기를 거쳐 재차 발생할 가능성이 있기 때문에

4 제약 회사가 필사적으로 신약을 제조하고 있었기 때문에

6 ②인재가 되지 않도록이라고 되어 있는데, 필자는 어떻게 해야 한다고 말하고 있는가?

1 정부와 각 자치 단체는 양치질, 손씻기를 힘써 실천해야만 한다.

2 한 사람 한 사람 건강 관리에 주의함과 동시에, 각자 타미플루 등 신약을 구입해 두지 않으면 안 된다.

3 각자 건강 관리에 주의함과 동시에, 정부와 각 자치 단체는 예방약을 확보해야 한다.

4 인간의 면역력을 높이기 위한 노력을 개인도 각 자치 단체도 아껴서는 안 된다.

7 이 문장을 통해서 필자가 가장 주장하고 싶은 것은 무엇인가?

1 지금까지 별로 경험하지 못 한 병에 대비하여, 할 수 있는 노력을 함으로써 만전을 기해야 한다.

2 인류 존망에 관련된 그와 같은 병을 완전히 없애야만 한다.

3 면역력을 높이기 위한 노력을 빼놓을 수 없다.

4 평소의 건강 관리가 중요하며, 손씻기, 양치질, 균형 잡힌 식사의 중요성을 잊어서는 안 될 것이다.

新型インフルエンザ 신종 인플루엔자, 신종 플루 | 猛威を振るう 맹위를 떨치다 | ランク 랭크, 순위를 정함 | 予防 예방 | 喚起する 환기시키다 | 大騒動 대소동 | 急性肺炎 급성 폐렴 | 死亡者 사망자 | 緊張させる 긴장시키다 | 既存 기존 | 抗生物質 항생 물질 | タミフル 타미플루 | 接種 접종 | 絶対量 절대량 | 製薬会社 제약 회사 | 必死になって 필사적으로 | 製造する 제조하다 | 間に合う 시간 안에 도착하다(끝내다), (물건 등이) 모자라지 않다 | 周期 주기 | 緩める 풀다, 완화하다 | ウイルス 바이러스 | 人類存亡 인류 존망 | 危機が訪れる 위기가 찾아오다 | 普段から 평소에 | うがい 입 헹구기, 가글링 | 手洗い 손씻기 | 励行 애써 힘씀, 애써 실천함 | 免疫力 면역력 | おのずから 저절로 | 遠ざかる 멀어지다 | 上述する 상술하다, 앞에서 말하다 | 注意事項 주의사항 | キーポイント 키포인트 | 医療機関 의료기관 | 対応 대응 | 整う 갖춰지다, 정비되다 | 救う 구하다, 다행이다 | さもないと 그렇지 않으면 | 正に 실로, 정말로 | 設備 설비 | 地方自治体 지방 자치 단체 | 完備 완비 | 新種 신종 | 人災 인재 | 周到な 주도면밀한 | 実行する 실행하다 | 若年層 젊은 층, 저연령층 | 再度 재차 | 惜しむ 아끼다, 아쉬워하다 | 万全を期する 만전을 기하다 | かかわる 관련되다

워싱턴 조약 체결국 회의에서 대서양 흑다랑어의 국제 상거래 금지 문제가 논의되었다. 모나코가 대서양의 흑다랑어가 멸종종이 될 가능성이 있으니, 국제 상거래를 금지하는 것을 제안한 것에 따른다. 거기에서의 어획량의 80%를 수입하고 있는 일본으로서는 큰 타격을 받게 된다고 염려해서 농림수산 대신까지 현지에 들어갔다.

①다행인지 불행인지 모나코의 제안은 부결되어, 계속해서 대서양에서의 흑다랑어 어획과 국제 상거래가 가능하게 되었다.

하지만 본질적으로는 안심할 수 있는 입장은 못 된다. 인간의 이기적인 판단이나 행위, 또는 엉터리 관리에 의해 많은 동식물이 이미 멸종된 현실을 생각하면 모나코의 걱정도 충분히 이해할 수 있기 때문이다. 75억을 넘는 인간이 이 지구상에 살고 있는데, 앞으로도 계속될 인구 증가에 어떻게 대처해야 할 것인가. 동시에 더 이상 지구상에서 멸종 품종을 내지 않기 위해서는 어떻게 하면 좋은지. ②어려운 문제이다.

이번에 거론된 흑다랑어 등 먹거리가 되는 물고기에 있어서는 큰 해결책의 하나로서 양식 산업의 활성화를 들 수 있다. 알의 단계부터 시작하여 부화(注1)된 치어를 길러 키워 가는 양식이 흑다랑어도 가능하게 되었다.

그러기 위하여 일본은 많은 어획량 및 소비 왕국으로서 솔선하여 이 양식 산업의 활성화에 힘쓰고, 국제적으로도 자금이나 기술 원조를 하여 추진해 갈 책임이 있을 것이다.

(注1) 孵化 : 알이 깨어서 새끼가 되는 것

8 ①다행인지 불행인지란, 어떤 말인가?

1 국제 회의에서 대서양 흑다랑어의 국제 상거래가 금지될 뻔하였으나 그것은 피할 수 있었다는 것

2 대서양 흑다랑어 어획량의 80%는 일본이 수입해 왔으나, 앞으로 수입량이 줄어들게 된 것

3 지금까지는 흑다랑어를 원하는 만큼 자유롭게 어획할 수 있었는데, 앞으로는 대서양에서의 어획은 어려워진 것

4 계속해서 대서양에서 흑다랑어 어획을 할 수 있는 것은 다행인지 몰라도, 그것이 멸종 품종이 될 가능성도 있다는 것

9 ②어려운 문제이다라고 되어 있는데, 이것은 무엇을 가리키고 있는가?

1 흑다랑어 양식을 위하여, 알의 단계부터 치어를 부화시켜 기르면 좋지만, 치어의 부화가 대단히 어렵다는 것

2 세계의 인구 증가로 인하여 그 먹거리로서 많은 어획이 더욱더 요구되는데, 너무 잡으면 멸종 품종이 나온다는 것

3 개발도상국에 있어서는 어획하는 것밖에 기술이 없으며 세계적인 수준에서 본 양식사업은 대단히 어렵다는 것

4 흑다랑어 소비가 세계적으로 늘고 있으며 어획을 줄이거나 시간이 걸리는 양식으로는 충분하지 않다는 것

10 이 문장에서 필자의 주장에 가장 가까운 것은 어느 것인가?

1 일본은 흑다랑어의 소비, 어획에 있어서 국제적으로 두드러지게 많으므로, 양식 사업 확대를 위하여 자금이나 기술 원조를 아껴서는 안 된다.

2 흑다랑어도 멸종 품종이 될 가능성이 있기 때문에, 일본은 국제적 조약을 잘 지켜가지 않으면 안 된다.

3 인간은 이기적이기 때문에 많은 동식물이 남획되어 멸종의 위기에 처해 있다. 인간의 이기심을 없애도록 인간성 교육에 힘쓸 필요가 있다.

4 흑다랑어의 알에서 치어로 부화시켜 가는 기술 혁신이 가장 중요하며, 그 연구에 더욱 박차를 가해야 한다.

ワシントン条約締結国会議 워싱턴 조약 체결국 회의 | 大西洋 대서양 | クロマグロ 흑다랑어 | 国際商取引 국제 상거래 | 禁止 금지 | 議論する 논의하다, 협의하다 | モナコ 모나코 | 絶滅種 멸종종 | 提案する 제안하다 | 漁獲量 어획량 | 輸入する 수입하다 | 打撃 타격 | 農林水産大臣 농림수산 대신(농림수산부 장관) | 現地入りする 현지에 가다 | 幸か不幸か 다행인지 불행인지 | 否決される 부결되다 | 本質的 본질적 | 立場 입장 | 利己的 이기적 | 行為 행위 | ずさんな 엉터리 같은, 날림의 | 動植物 동식물 | 人口増加 인구 증가 | 対処する 대처하다 | 品種 품종 | 取り上げられる 거론되다 | 食料 먹거리 | 養殖産業 양식 산업 | 活性化 활성화 | 卵 알 | 段階 단계 | 取り組む 대처하다, 몰두하다 | 孵化する 부화하다 | 稚魚 치어 | 育てる 기르다 | 消費王国 소비 왕국, 소비 대국 | 率先する 솔선하다 | 資金 자금 | 技術援助 기술 원조 | 責任 책임 | かえる 깨다, 부화하다 | 継続する 계속하다 | ますます 점점, 더욱더 | 要求する 요구하다 | 獲る 잡다 | 開発途上国 개발도상국 | 困難 곤란, 어려움 | 著しい 현저하다, 두드러지다 | 乱獲する 남획하다 | 瀕する 직면하다, 처하다 | 勤しむ 힘쓰다, 노력하다 | 拍車をかける 박차를 가하다

의학의 진보·발전 그리고 충분한 영양의 섭취에 의해, 평균 수명은 놀랄 정도로 늘고 있다. 남녀 다 같이 80세를 이미 넘었으며, 여성의 경우는 앞으로 좀 더 지나면 90세를 넘을 것 같은 기세이다. 동양 에서는 오랜 옛날 70세까지 사는 것은 상당히 어렵다, 드물다고 하여, '고희'라는 말까지 생겨났다.

일반 회사나 관공서 같은 경우는, 대개 ①'정년'이라고 하는 제도가 있으며, 이것은 일정한 연령에 달 하면 일에서 물러난다·회사를 뒤로 한다는 내용의 것이다. 하지만, 이 '정년'이라고 하는 것이 합리적인 연구 끝에 생긴 제도인지 아닌지는 의문이 남는다. 일정 연령에 도달해도 아직도 일할 수 있는 사람이 있는 반면, 정년까지 몇 년이나 남아 있는데도 병약하고 힘을 발휘할 수 없는 경우도 있기 때문이다. 연 령으로 무언가를 결정한다·정한다는 것은 문제가 있다고 말하고 싶다는 것이다.

적어도 일본은, 운전 면허 취득에 연령 제한은 없다. 이것은 60세라도 70세라도 (시험을) 칠 수 있다 고 하는 상한의 의미. 하한은 별개라는 것이다. ②나라에 따라 다소의 차이가 있으며, 빠른 나라에서 14 세, 보통 17~8세가 많은 것 같다. 일본은 18세 이상이라면 시험을 칠 수 있다. 연령으로 무언가를 결 정하는 것은 문제가 있다고 하면서도 '초등학생이 운전 면허 시험을 쳐도 좋다'고 단언할 수 있을까? 투표권도 이 또한 나라에 따라 좀 차이가 있지만, 보통으로 생각하여 고졸 정도나, 그에 가까운 연령에 달해야 비로소 주어지는 것이, 보통이라고 한다면 보통이라고 말할 수 있다.

장수사회를 맞이한 지 오래다. 노인 운전자가 일으키는 사고가 해마다 늘고 있는 모양이다. 체력적으 로도, 경제적으로도 옛날에 비해 훨씬 좋아진 오늘날, 노인의 운전이 늘어도 전혀 이상할 것이 없다. 다 만, 문제는 사고의 증가와 그 규모이다. 연령 제한을 두거나, 신체 검사 아닌 체력 측정을 하거나 하지 않으면 언젠가 큰 사회 문제화 될 것 같아 염려되는 것이다.

11 이 문장에서 말하고 있는 ①'정년'과 거리가 먼 것은 어느 것인가?

1 일정 연령에 달하면 현역에서 떠난다.

2 정년에 해당해도 체력만 있으면 회사를 뒤로 하지 않아도 된다.

3 각자 체력, 일에 대한 추진력 등, 다름에도 불구하고 숫자만으로 진퇴를 결정하는 것은 문제가 있다.

4 합리적인 고뇌의 산물이라고는 말하기 어렵다.

12 ②나라에 따라 다소의 차이가 있으며, 빠른 나라에서 14세, 보통 17~8세가 많은 것 같다라고 되어 있는데, 올바른 내용은 어느 것인가?

1 나라에 따라 성인으로 간주되는 연령은 거의 같다.

2 운전 면허 시험을 치려면, 일정한 연령에 달하지 않으면 안 된다.

3 운전 면허 취득에 상한의 연령 제한이 있으나, 그것은 나라에 따라 약간 다르다.

4 일본에서는 운전 면허 취득에 필요한 하한의 연령 제한이 있으며, 그것은 16세이다.

13 이 문장을 통해서 필자가 가장 주장하고 싶은 것은 무엇인가?

1 숫자(연령)로 행동을 제약하는 것은 문제가 있다.

2 운전 면허 취득의 하한의 제한 연령을 철폐해야 한다.

3 장수사회를 맞이하여, 노인이 일으키는 사고가 늘어 곤란하다.

4 노인에 의한 교통사고의 심각함과 그에 대비한 시도가 급해진다.

摂取 섭취 | 平均寿命 평균 수명 | 驚く 놀라다 | とっくに 훨씬 이전에, 벌써 | 突破する 돌파하다 | 勢い 기세 | 東洋 동양 | 古稀 고희 | 生まれる 생기다 | 官公庁 관공서 | 定年 정년 | 一定 일정 | 退く 물러나다, 은퇴하다 | 後にする 뒤로 하다 | 合理的 합리적 | 末 끝 | 疑問 의문 | 反面 반면 | 病弱 병약 | 力 힘 | 発揮 발휘 | ケース 케이스, 경우 | 定める 정하다 | 少なくとも 적어도 | 運転免許 운전 면허 | 取得 습득 | 制限 제한 | 上限 상한 | 下限 하한 | 別 별개 | 普通 보통 | 受ける (시험을) 치다 | 言い切れる 단언할 수 있다 | 投票権 투표권 | 高卒 고졸 | 世の常 보통, 예사 | 長寿社会 장수사회 | 迎える 맞이하다 | 久しい 오래다 | 遥かに 훨씬 | 今日 오늘날 | 何ら 전혀, 하등 | 設ける 두다 | 身体検査 신체 검사 | ～ならぬ ～이 아닌 | 測定 측정 | いずれ 언젠가 | 距離 거리 | 離れる 떠나다, 벗어나다 | 該当する 해당하다 | 推進力 추진력 | 数字 숫자 | 進退 진퇴 | 苦悩 고뇌 | 産物 산물 | 成人 성인 | 見なす 간주하다 | 若干 약간 | 行動 행동 | 制約する 제약하다 | 撤廃する 철폐하다 | 深刻さ 심각함 | 試み 시도

내용 이해 - 장문

문제 10 다음 문장을 읽고, 다음 질문에 대한 답으로써 가장 적절한 것을 1·2·3·4에서 하나 고르시오.

　　인간이 다른 동물과 크게 다른 점은 먼저 신체적으로 직립 보행에 의한 손의 자유로운 사용을 들 수 있다. 특히 가느다란 손가락을 능숙하게 써서 도구를 거의 자유자재로 쓸 수 있는 점은 다른 동물에게서는 좀처럼 흉내낼 수 없는 인간만의 능력이라고 말할 수 있을 것이다. 정신면으로는 지능이 높다는 것이리라. 원숭이나 침팬지·고릴라 그리고 오랑우탄 같은 유인원도 높은 부류에 속하지만, 인간의 그것에는 도저히 따라가지 못 한다. 기억력도 지능의 하나로 이 능력도-적어도 학습 능력으로서의 기억력-인간보다 나을 수는 없다.

　　인간의 기억력이라고 하는 것은, 어느 정점에 달한 다음은 저하되는 것이 보통이다. 대개 해를 거듭하면 거듭할수록 약해져 가는 것이 정설. 심신의 노쇠와 함께 뇌의 작용도 약해지기 때문일 것이다.

　　그런데 ①노화와 관계없는 기억력의 저하도 현실적으로 얼마든지 있다. 인간은 건망증이라고 불리는 일시적인 기억력의 약화도 있으며, 자신에게 있어서 불리한 사항이나 슬픔을 느끼는 일에 대한 기억력이 뚝 떨어진다는 연구 결과도 있다. 인간의 기억력은 ②자기방어 기능이 작용해서, 자신에게 있어서 플러스가 되는 기억은 되도록이면 잊지 않으려고 자동 제어되지만, 마이너스가 되는 일은 망각이라는 자동 제어 시스템에 의해 저절로 사라지기 쉽다.

　　고교 시절에 만나 같은 대학을 나오고, 두 아이를 두고 행복한 가정을 꾸려온 한 부부가 무슨 원인으로 대판 싸우고 곧바로 이혼하는 꼴이 되었다. 결혼 전 주변 사람들이 결혼을 반대하려고 할 때, '동반자살하겠다(注1)'고 으름장을 놓아 반대를 물리치고 결혼에 이른 경위도 있을 정도로 두 사람은 서로 뜨겁게 사랑했다는 것이다. 그런데도 별것 아닌 일로 발끈하여(注2) 이혼. 이혼한 두 사람은 처음 몇 년간은 연락은커녕 서로 미워했는데, 둘 다 조금씩 상대에 관한 것을 좋게도 나쁘게도 생각하지 않고 자신들의 생활에 충실해 왔고, 10년이라는 세월이 흘렀던 것이다. 이혼으로부터 헤아리면 12년 정도 지난 어느 날, 우연히 길에서 만난 두 사람은 지금까지의 이혼이 거짓말이라는 듯이 '원점'으로 돌아가 이전보다도 더 굳건한 행복을 쌓고 있다. 그 행복은 다름 아닌 망각이 가져다 준 것이다. 두 사람은 다시 합치기(注3) 위하여 특별히 의식적인 행동을 하지는 않았다. 주위의 쓸데없는(注4) 말 따위는 귀에 담지 않고 단지 무감각하게 살아왔을 뿐이다. 그것이 저절로 망각이라는 시스템을 작용케 했던 것이다.

그래서인지 어느 결혼 정보 회사의 여사장은 이런 케이스의 경우, "③아직 이르지 않습니까? 신중하게 생각하세요"를 반드시 말한다고 한다. 그 여사장은 "손님이기 전에 원래 한 가정을 지키고 있던 남편이요, 아내다"라고 말한다. 그 사장은 망각의 훌륭함을 익히(注5) 잘 알고 있었음에 분명하다. 그 여사장 말인즉슨(注6) "돈이 목적이라면 바로 연결하죠. 다만 그렇게 해서 일을 그르친 적도 적지 않으니까요. 인간이란 언제까지라도 같은 기분으로 있는 경우도 있지만, 긴 세월이 흐른 다음 자신이 몹시 흥분했던 이유가 무엇인지조차 잊는 경우도 얼마든지 있으니까요"라고 말한다.

'지레짐작'이라는 말이 있는 데에는, 역시 그 나름의 까닭이 있을 것이다. 인간은 자기 자신을 지키기 위하여 의식하든 안 하든 망각이라는 시스템을 갖추고 있다. 그것이 있기 때문에 슬픔도 미움도 잊을 수 있으며, 결과적으로 생을 계속 영위할 수가 있으니까 대단한 것이다. 빛과 그늘의 역할이 각각 있듯이 기억도 망각도 하늘이 주신(注7) 훌륭한 선물이라고 말하고 싶다.

(권영부 『영혼까지 사랑할 수 없으면 결혼하지 마라』에서)

(注1) 心中する : 서로 사랑하는 남녀가 자살하다

(注2) かっかする : 화를 내 냉정함을 상실하다

(注3) 縒りを戻す : 헤어진 남녀가 다시 하나가 되다

(注4) はしたない : 천박하고 정나미 떨어지다. 어중간하다

(注5) 重々 : 충분히

(注6) 曰く : 말하기를

(注7) 天与の : 하늘로부터 부여 받은

---

14 ①노화와 관계없는 기억력의 저하라고 하는 것은 어떤 것인가?

  1 기쁜 일을 잊는 것

  2 항시 잊고 있는 것

  3 자신에게 있어서 유리한 기억을 깜빡 잊는 것

  4 마음속에 계속 지녀서 이득이라고 느끼지 않는 일을 잊는 것

15 여기서 말하는 ②자기방어 기능이란 결국 어떤 것인가?

  1 상대방에게 있어서 플러스가 될 것 같은 기억을 잊지 않는 것

  2 상대방에게 있어서 마이너스가 될 것 같은 기억을 잊는 것

  3 자신에게 있어서 플러스가 될 것 같은 기억을 잊는 것

  4 자신에게 있어서 마이너스가 될 것 같은 기억을 잊는 것

16 ③아직 이르지 않습니까?라고 되어 있는데, 왜 여사장은 그렇게 말한 것인가?

  1 이혼하는 것은 아직 빠른 듯하니까

  2 재결합할 수 있을지 어떨지 충분히 생각하지 않은 것 같으니까

  3 재혼의 기회가 있을지 어떨지 충분히 생각하지 않은 것 같으니까

  4 인연을 되돌리는 것은 아직 생각하지 않은 것 같으니까

17 이 문장을 통해서 필자가 가장 말하고 싶은 것은 무엇인가?

1 자기방어 기능 속에는 기억력과 함께 망각도 있다.

2 이혼해도 일정 기간 기다리는 것이 좋다.

3 잊는 것이 반드시 좋지 않은 결과를 초래한다고 말하기 어려우며, 때로는 중요한 작용이 된다.

4 이혼해도 배우자를 미워하지 말고 기다리시오.

直立歩行 직립 보행 | 細い 가늘다 | 巧みに 교묘히, 능숙하게 | 道具 도구 | 自由自在 자유자재 | 真似 흉내 | 知能 지능 | チンパンジー 침팬지 | ゴリラ 고릴라 | オランウータン 오랑우탄 | 類人猿 유인원 | 部類 부류 | 属する 속하다 | とうてい 도저히 | 追い付く 따라잡다 | 勝る 낫다, 뛰어나다 | 頂点 정점 | 年を重ねる 해를 거듭하다 | 定説 정설 | 心身 심신 | 老衰 노쇠 | 脳 뇌 | 弱る 약해지다 | 老化 노화 | 現に 현실적으로 | 健忘症 건망증 | 弱化 약화 | 不利 불리 | 事柄 사항, 사정 | 悲しみを覚える 슬픔을 느끼다 | 自己防衛機能 자기방어 기능 | プラス 플러스 | 自動制御 자동 제어 | マイナス 마이너스 | 忘却 망각 | 自ずと 저절로, 스스로 | 失せる 사라지다 | 出会う (우연히) 만나다 | もうける (자식을) 얻다, 보다 | 築く 꾸리다, 이루다 | 大喧嘩 큰 싸움 | 間もなく 곧, 바로 | 離婚 이혼 | ハメになる 처지가 되다, 꼴이 되다 | 心中する 동반 자살하다 | 脅す 겁주다, 협박하다 | 押し切る 밀어붙이다 | 経緯 경위 | 愛し合う 서로 사랑하다 | ちょっとした 사소한 | かっかする 발끈하다 | 憎しみ合う 서로 미워하다 | 歳月 세월 | 偶然 우연히 | 道端 길가 | ばったり 뜻밖에 마주치는 모양, 딱 | 元 원래, 원점 | 強固な 굳건한, 견고한 | もたらす 가져오다, 초래하다 | 縒りを戻す (헤어졌다가) 다시 합치다 | 意識的 의식적 | はしたない 상스러운, 천박한 | 耳に入れる 듣다 | 無感覚 무감각 | 慎重に 신중하게 | 重々 아주, 충분히 | 曰く 말하기를, 가라사대 | 目当て 목적 | 繋ぐ 연결하다 | しくじる 실수하다, 잘못하다, 그르치다 | 切れまくる 마구 흥분하다, 몹시 흥분하다 | 早とちり 지레짐작함, 앞질러 판단함 | 備える 갖추다 | 生を営む 생을 영위하다, 생활하다 | 光 빛 | 陰 그늘 | 天与 천여, 하늘이 주는 것 | 贈り物 선물 | 魂 영혼 | 自殺する 자살하다 | 腹を立てる 화내다, 성내다 | 冷静さ 냉정함 | 下品だ 천박하다 | 情けない 한심하다, 정나미 떨어지다 | 中途半端 어중간함 | 天 하늘 | 常時 항시, 항상 | 有利な 유리한 | うっかり 깜빡 | 得 득, 이득 | 再婚 재혼 | 復縁する 복연하다, 끊어졌던 인연을 되돌리다 | 配偶者 배우자

문제 11 다음 A와 B의 투서를 읽고, 다음 질문에 대한 답으로써 가장 적절한 것을 1·2·3·4에서 하나 고르시오.

A

지금 세계적으로 흡연에 대한 반발심이 강해지고 있다. 흡연을 마약 흡입과 똑같은 것이라고 단언하는 사람도 있을 정도이다. 각국에서는 담배 가격을 올리거나 금연 구역을 설정하는 등 금연을 유도한다기 보다도 흡연을 못 하게 하는 조치를 속속 내놓고 있다. 그 덕분인지 흡연율은 해마다 내려오고 있다. 특히 남성의 흡연율은 여성의 그것에 비해도 숫자상 크다. 그러나 비흡연자로 만들기 위한 노력에 박수를 보내면서도 방법상의 문제에 대해서는 한마디 덧붙이지 않을 수 없다. 무언가 하면 가격을 올린다고 하는 것은 물가의 인상이며, 올릴 경제적 요인이 없는데도 올려도 되는가 하는 문제가 남는다. 금연 구역의 확대에 대해서도, 장소만 정하기만 하면 되는 것도 아닌 것 같은 기분도 든다. 지키지 않는, 지킬 수 없는 사람도 있기 때문이다.

B

흡연자를 줄이기 위한 담배 가격의 인상이나 금연 구역의 확대에 반대의 목소리를 내는 사람이 있는 모양인데 곤란하다고 생각한다. 국내뿐만 아니라 세계적으로 봐도 흡연에 의한 많은 사고를 생각한다면 그런 태평스러운 말은 하지 못할 것이다. 담배에 의한 산불로 수십 명이나 되는 희생자가 나오고, 수십 만 헥타르라고 하는 귀중한 숲이 재로 변해 버린 사건이 일어난 지 얼마 되지도 않았는데, 잘도 그런 무신경한 소리를 하다니! 폐암이나 각종 암의 원인도 담배에 기인하는 바가 크다고 하는데, 값을 올리는 게 뭐가 나쁘다는 것이냐고 반문하고 싶어진다. 백 보 양보하여 물가 인상의 부담감이나 금연 구역의 설치가 '너무나도 갑작스럽다'는 사정도 모르는 바도 아니다. 그러나 화재는 물론, 폐암 등에 따른 입원으로 불어나는 의료보험의 부담 증가는 누가 가져다 주냐고 말하는 것이다! 담배 가격을 엄청 올려 흡연자를 2할이나 줄였다고 하는 A국에 배우라고 말하고 싶을 정도다.

18 담배 가격의 인상과 금연 구역의 확대에 대해서 A와 B는 어떤 입장인가?

 1 A는 기본적으로 반대지만, B는 적극적으로 찬성이다.

 2 A는 기본적으로 찬성이지만, B는 적극적으로 반대이다.

 3 A는 기본적으로 찬성이지만, B는 적극적으로 찬성이다.

 4 A도 B도 기본적으로 반대이다.

19 담배 가격 인상과 금연 구역 확대에 대한 A와 B의 내용의 조합으로서 적절한 것은 어느 것인가?

1 A 내용: 담배가 몸에 나쁜 것은 틀림없지만, 마약만큼은 아니다.

   B 내용: 산불의 원인은 담배 이외에도 있다.

2 A 내용: 담배의 해는 마약과 같은 정도이다.

   B 내용: 정부의 노력에 박수를 보내면서도, 추가하고 싶은 것도 있다.

3 A 내용: 담배 가격을 더 올려도 좋을 정도다.

   B 내용: 흡연자를 위한 조치도 필요하다.

4 A 내용: 금연하는 사람은 여성보다 남성의 퍼센티지가 크다.

   B 내용: 사고나 발병과 담배의 관계는 깊다.

20 A와 B의 어느 투고에도 언급되고 있는 내용은 어느 것인가?

1 지금 세계적으로 마약 퇴치에 관한 관심이 강해지고 있다.

2 산불에 의한 인적·물적 피해의 원인은 담배에 있다.

3 담배 가격 인상과 경제적 논리와의 사이에 문제가 전혀 없다고는 할 수 없다.

4 담배 가격 인상에 대한 부담과 흡연 장소의 필요성은 전혀 없다고는 말할 수 없다.

喫煙 흡연 | 反発心 반발심 | 強まる 강해지다 | 麻薬 마약 | 吸い込み 흡입 | 区域 구역 | 設ける 설치하다 | 誘導 する 유도하다 | 反発心理 반발 심리 | 措置 조치 | 次々 잇달아, 계속해서 | とりわけ 특히 | 拍手 박수 | 一言 한마디 | 添える 첨부하다 | 物価 물가 | 引上げ 인상 | 要因 요인 | 呑気な 태평스런 | 山火事 산불 | 犠牲者 희생자 | ヘクタール 헥타르 | 貴重な 귀중한 | 森 숲 | 灰 재 | 化する 변하다 | 無頓着な 무관심한, 무신경한 | 肺ガン 폐암 | 聞き返す 반문하다 | 百歩譲る 백 보 양보하다 | 負担感 부담감 | いきなり 느닷없이 | 事情 사정 | かさむ 부피가 커지다, 늘다 | 医療保険 의료보험 | 負担増 부담 증가 | うんと 잔뜩, 듬뿍 | 基本的 기본적 | 積極的 적극적 | 賛成 찬성 | 組み合わせ 조합 | 害 해 | 付け加える 추가하다 | パーセンテージ 퍼센티지 | 発病 발병 | 関わり 관계, 관련 | 退治 퇴치 | 被害 피해 | 論理 논리

문제 12 다음 문장을 읽고, 다음 질문에 대한 답으로써 가장 적절한 것을 1·2·3·4에서 하나 고르시오.

①아시는 바와 같이 '산업'의 종류에는 여러 가지가 있습니다. 알기 쉬운 것부터 열거하면, 먼저 '제1차 산업'이 있습니다. 초등학교 '사회'인가요. 저도 옛날에 학교 수업에서 농림수산업에 관한 일, 이라고 배운 적이 있습니다.

'1' 다음은 '2'니까 '제2차 산업'도 당연히 있습니다. '제2차 산업'이란 제1차 산업이 채취·수확한 원재료를 가공하여 부(富)를 만들어 내는 산업, 이 정도가 무난한 설명이겠죠. 순서에 따라, 다음은 '제3차 산업'. 요즘은 '제4차 산업'이라는 귀에 익숙치 않은 말도 듣습니다. IT 산업이나 지적 소유권(지적 재산권) 관련 같은 것을 '4차'로 부르고 있는 모양입니다만, 그 카테고리는 아직 정해져 있지 않습니다. '우주 산업'이라는 호칭도 있는데, 근년에 각광을 받는 산업으로서 뿌리를 내리고 있습니다. '미래 산업'·'성장 산업'과 같은 표현도 있습니다만, 이들이 의미하는 바는, 대체적으로 뉘앙스는 전해지지만, 정확한 의미는 정의하기 어렵겠죠. 말하자면 지금까지 없었던 산업이나, 4차 산업과 같은 미래를 향한 산업, 희망적인 산업이라는 점이 대강의 의미겠죠.

'산업'의 머리에 오는 말, 즉 접두사로 붙는 말은 '제1차', 'IT', '우주' 그리고 '미래' 등 여러 가지 있습니다. 여러 가지 중에 그 일에 종사하고 있는 사람이라면 무조건적으로 싫어하는 산업이 '사양 산업' 아닐까요. '사양'이라는 것은 '비스듬함(斜)'과 '해(陽)라고 써서, 지는 해가 서산에 비스듬하게 걸려 있다, 석양이 비스듬하게 들어오고 있다는 뜻으로, 손쉽게 말하면 일몰이라는 뜻입니다. 즉 '이제 곧 어두워진다', '밤이 된다'는 뜻입니다.

②우리들이 평소에 별생각 없이 쓰는 말에는 구체적인 장면의 서술과 추상적인 장면의 서술이 있습니다. 「明るい部屋」와 「明るい未来」 그리고 「その辺の事情に明るい」에 쓰이는 「明るい」는 각각 의미가 다릅니다. 마찬가지로 「長い髪」와 「長い間」의 「長い」, 「きつい服」와 「きつい日程」의 「きつい」도 그 의미하는 바가 다르다는 것입니다. (중략)

일찍이 번창하던 산업·업종이 시대와 함께 쇠퇴해(注1) 가는 예는 적지 않습니다. 일본의 경우, 섬유, 알루미늄 정련(注2), 석유 화학 등이 사양화하고 있다고 하며, 반대로 IC, 컴퓨터, 통신 기기, 로봇 등의 일렉트로닉스 관련 산업의 성장에 대한 잠재력에 주목하는 기업은 눈에 띄게 늘어나고 있습니다.

장사나 경제에 관심을 가지신 분은 앞으로 종사하고 싶은 일이 성장에 대한 잠재력을 띠고 있는 분야인지 아니면 사양화해 가는 분야인지를 잘 지켜볼 필요가 있습니다. 하나의 예로 학교에서 쓰는 책, 신문, 잡지 따위가 속속 신기술에 ③자신의 자리를 빼앗기고 있는 오늘날, 종이 관련 일이 앞으로 힘들어지는 것은 불가피하다고 이구동성으로 말합니다. 종이를 매체로 하는 문화가 완전히 없어지는 일은 없겠지만, 종이 봉지가 비닐 봉지로, 종이 상자가 플라스틱으로, 팩스가 이메일을 대신하고 있는 현실을 봐도 명백합니다.

시대의 흐름을 읽어내는 힘을 기르기 위하여 시대를 앞서가기 위하여 본서는 쓰였습니다.

(注1) 廃れる : 기세를 잃거나 쇠퇴하다

(注2) 精錬 : 원료 광석을 순도가 높은 것으로 만드는 일

21 ①아시는 바와 같이라고 있는데, 무엇을 알고 있다고 말하고 있는가?

1 농림수산업은 1차 산업이라는 것

2 산업의 종류는 1차·2차·3차·4차·5차까지 있다는 것

3 산업의 분류법은 초등학교에서 배운다는 것

4 산업의 종류에는 다양한 것이 있다는 것

22 ②우리들이 평소에 별생각 없이 쓰는 말에는 구체적인 장면의 서술과 추상적인 장면의 서술이 있습니다라고 되어 있는데, 다음 중 구체적인 서술과 추상적인 서술의 조합으로서 올바른 것은 어느 것인가?

1 구체적인 서술 : '밝은 미래'　　　추상적인 서술 : '긴 머리'

2 구체적인 서술 : '오랫동안'　　　추상적인 서술 : '밝은 미래'

3 구체적인 서술 : '밝은 방'　　　추상적인 서술 : '꼭 끼는 옷'

4 구체적인 서술 : '꼭 끼는 옷'　　　추상적인 서술 : '그 분야의 사정에 밝다'

23 ③자신의 자리를 빼앗기고 있는 예로서 관련성이 약한 것은 어느 것인가?

1 '숙제는 이메일로 제출하라'고 들었는데, 이 경우도 '제출'이라고 말할 수 있는 것일까?

2 전자사전이 생겨 얼마나 고마운 일인가!

3 관련 자료를 인터넷에서 알아보고 A4 용지에 1,000자 정도로 수기로 정리하여 낼 것!

4 인터넷을 검색했더니 수기로 된 귀중한 자료가 실려 있어 바로 다운로드하여 자신의 PC에 보존했다.

24 이 문장은 어느 책의 '머리말'에 해당하는 것이다. 어느 분야의 책이고 주된 요지는 무엇인가?

1 화학 관련서로, 시대의 변화에 어두우면 뒤처지기 쉽다.

2 물리 관련서로, 시대의 변화에 어두우면 시대의 흐름을 읽어내기 어렵다.

3 농림수산 관련서로, 시대를 앞서가기 위하여 폭넓은 지식을 익혀야 한다.

4 비즈니스 관련서로, 시대를 앞서가기 위하여 사물을 꿰뚫어보는 힘을 길러야 한다.

ご存知 알고 계심 | 並べる 열거하다 | 採取 채취 | 収穫する 수확하다 | 原材料 원재료 | 加工する 가공하다 | 富 부 | 作り出す 만들어 내다 | 無難な 무난한 | 順 순서 | 耳慣れる 귀에 익다 | 知的所有権 지적 소유권 | 関連 관련 | カテゴリー 카테고리 | 宇宙 우주 | 呼び名 호칭 | 脚光を浴びる 각광을 받다 | 根を下ろす 뿌리를 내리다 | ニュアンス 뉘앙스 | 定義する 정의하다 | 言うなれば 말하자면, 이를테면 | おおよそ 대강 | 接頭辞 접두사 | 携わる 종사하다 | 斜陽産業 사양 산업 | 斜め 비스듬함 | 陽 해 | 暮れる (해가) 지다 | 夕陽 석양 | 差し込む 들이비치다 | 早い話が 요약하면, 간단히 말하면 | 日没 일몰 | 叙述 서술 | 抽象的 추상적 | きつい 꼭 끼다, 고되다 | 日程 일정 | 繁盛する 번창하다, 번성하다 | 業種 업종 | 廃れる 한물가다, 쇠락하다 | 繊維 섬유 | アルミ精錬 알루미늄 정련 | 石油化学 석유 화학 | エレクトロニクス 일렉트로닉스 | 潜在力 잠재력 | 目をつける 주목하다 | 就く 종사하다 | 帯びる 띠다 | 見極める 끝까지 잘 지켜보다 | どんどん 속속 | 座 자리 | 奪う 빼앗다 | 必至 필연적임, 불가피함 | 異口同音 이구동성 | 媒体 매체 | 袋 봉지, 주머니 | ビニール 비닐 | 箱 상자 | プラスチック 플라스틱 | ファックス 팩스 | 取って代わる 대신하다 | 明白だ 명백하다 | 読み取る 읽다, 읽어내다 | 先取りする 앞서가다, 앞지르다 | 衰える 쇠퇴하다 | 原料鉱石 원료광석 | 純度 순도 | 分類法 분류법 | 提出する 제출하다 | 手書き 수기 | サーチする 서치하다, 검색하다 | すぐさま 곧, 바로 | ダウンロードする 다운로드하다 | はしがき 머리말 | 主旨 주지, 주된 요지 | うとい 어둡다 | 取り残す 남겨두다 | 見抜く 꿰뚫어보다 | 養う 기르다

문제 13 다음은 '시민 도서관의 이용 안내'이다. 아래의 질문에 대한 답으로써 가장 적절한 것을 1·2·3·4에서 하나 고르시오.

「시민 도서관 이용 안내」

1 당 시민 도서관의 휴관일은 매주 월요일이다.

2 단, 일요일과 경축일(공휴일)이 겹친 경우에는 화요일도 휴관일로 한다.

3 설 3일 연휴와 골든위크는 예외로 한다. 연말연시와 4월 하순부터 5월 초에 걸친 골든위크의 경우는 홈페이지에서 확인할 것.

4 개관 시간은 아침 9시부터 오후 7시까지로 한다. 단, 토요일과 일요일은 오후 5시까지로 한다.

5 도서류의 대출은 1인당 5권까지이며, 빌릴 수 있는 일수는 대출일, 반납일을 뺀 8일간으로 한다. (단, 반납일이 휴관일인 경우, 그 다음 날까지 반납할 것)

6 CD나 DVD는 1인당 CD는 3장, DVD는 1장까지로 한다.

7 CD나 DVD도 빌릴 수 있는 기간은 대출일, 반납일을 뺀 8일간으로 한다.

8 반납일이 지나도 책이나 CD, 또는 DVD를 반납하지 않는 경우는, 늦어진 일수만큼 다음 대출에서 차감하는 것으로 한다.

9 지연 일수가 10일을 넘긴 경우는 3개월간 대출할 수 없게 된다.

10 복사 신청은 오후 5시까지이며, 어떤 책이라도 책 내용의 1할 이상 복사할 수 없다.

---

25 A씨는 10월1일에 책 3권과 DVD를 1장 빌렸다. 10월 10일은 도서관의 공사로 하루 휴관이 된다. A씨는 빌린 책을 며칠까지 반납해야 하는가?

1 10월 8일

2 10월 9일

3 10월 10일

4 10월 11일

26 A씨는 빌린 책을 깜빡하여 반납일을 4일 넘겨, 14일 목요일인 오늘 겨우 반납이 가능하였다. 17일은 일요일인데, 공휴일이기도 하다. 오늘 빌리는 CD 3장은 며칠까지 반납하지 않으면 안 되는가?

1 18일

2 19일

3 20일

4 21일

市民 시민 | 休館 휴관 | 返す 반납하다 | 返却日 반납일 | 公休日 공휴일 | 祝日 경축일 | 連休 연휴 | ゴールデンウィーク 골든위크, 황금연휴 | 例外 예외 | 年末年始 연말연시 | 下旬 하순 | 初め 초 | ホームページ 홈페이지 | 開館 개관 | 貸し出し 대출 | ～につき ～당 | 日数 일수 | 除く 제외하다, 빼다 | 翌日 이튿날, 다음 날 | 遅れる 늦어지다 | 差し引く 차감하다, 공제하다 | 遅延 지연 | コピー 복사 | 申請 신청

정답과 해석

내용 이해 - 단문

문제 8　다음 문장을 읽고, 다음 질문에 대한 답으로써 가장 적절한 것을 1·2·3·4에서 하나 고르시오.

> 　나는 혼자 있는 것이 아주 질색인 성격이다. 오랜 유학 생활, 해외 근무로 충분히 익숙해도 이상할 게 없는데, 라고 주위에서 자주 말을 듣는다. 그러나 요즘은 어떤가 하면 꼭 그렇지도 않게 되었다. 컴퓨터 덕분에 혼자 있어도 인터넷 바둑(注1)을 즐길 수 있기 때문이다. 고독한 시간의 유일한 벗인 것이다. 그러나 좋은 일이 하나 있으면 반대로 나쁜 일도 하나 있다고 흔히들 말하는데 바로 그렇다. 심심하기 짝이 없는 혼자의 시간을 즐겁게 지낼 수 있는 만큼, 아무래도 시간의 낭비도 발생한다. 하지만, 뭐 그건 어쩔 수 없지 않은가 하고 생각하기도 한다.
>
> (注1) 囲碁 : 검은 돌과 흰 돌을 서로 번갈아 두며 하는 게임

1　문장 안의 자주 말을 듣는다고 되어 있는데, 그것은 무엇을 가리키는가?

　1　혼자 있는 것이 아주 질색이라고 말을 듣는 것

　2　유학과 해외 근무가 긴데도, 고독에 대하여 취약하다는 말을 듣는 것

　3　인터넷 바둑을 너무 많이 한다는 말을 듣는 것

　4　시간 낭비가 너무 많다는 말을 듣는 것

苦手な 질색인, 서툰 | 長年 오랜 세월, 여러 해 | 留学生活 유학 생활 | 海外勤務 해외 근무 | 慣れきる 완전히 익숙하다 | 囲碁 바둑 | 楽しむ 즐기다 | 孤独な 고독한 | 唯一の 유일한 | 友 친구, 벗 | 口にする 말하다 | 正に 바로 | そのとおり 그대로 | 退屈極まりない 지루하기 그지 없는 | 無駄遣い 낭비, 허비 | 生じる 생기다 | 仕方ない 어쩔 수 없다 | 交互 서로 번갈아 함 | 打つ (바둑을) 두다 | 脆弱だ 취약하다

168

중학생에 의한 유괴 살해 사건이 일어났다. 우등생이며 평소 말수가 적은 얌전한 학생이었다. 동기를 묻자 "딱히 없다. 단지 사람을 죽이고 싶었을 뿐이다"라고 대답했다고 한다. 무언가 이유가 있으리라고 생각한 정신과의가 추궁하자(注1) 고교 입시에 대한 강박 관념이 원인이었던 모양이다. 이제 막 만 14세가 되어서 성인처럼 징역에 처할 수도 없고, 보호 처분의 대상이 되었는데, 아이를 잃은 부모는 어떤 심정일까. 부모는 그것이 살해의 동기로서 말이 된단 말인가 하고, 말할 수 없는(注2) 분노(注3)로 가득할 것이다.

경쟁이 치열한 세상, 아이 기르기도 쉬운 일이 아니다. 인격을 원만히 기르는 유연한 교육을 펼치는 것 말고 달리 방법이 없을 것 같다.

(注1) 追及ついきゅうする : 엄히 따지고 캐묻다, 추궁하다

(注2) やるせない : 괴롭고 슬프다, 어떻게 할 수 없다

(注3) 憤いきどおり : 분노, 격렬한 분노

2 이 문장의 내용과 맞는 것은 어느 것인가?

1 살해한 학생은 정신적인 고민거리를 안고 있었다.

2 살해한 학생은 의사의 추궁에 의해 병명이 드러났다.

3 살해한 학생은 정신과에 다니고 있었다.

4 살해한 학생은 징역 처분을 선고받았다.

誘拐殺害事件ゆうかいさつがいじけん 유괴 살해 사건 | 優等生ゆうとうせい 우등생 | 口数くちかずが少すくない 말수가 적다 | おとなしい 얌전하다 | 精神科医せいしんかい 정신과의사 | 追及ついきゅうする 추궁하다 | 入試にゅうし 입시 | 強迫観念きょうはくかんねん 강박 관념 | 懲役ちょうえき 징역 | 処しょする 처하다 | 保護措置ほごそち 보호 조치, 보호 처분 | 亡なくす 잃다, 여의다 | 成なり立たつ 성립하다 | やるせない 마음을 풀 길이 없다, 안타깝다 | 憤いきどおり 분노 | 子育こそだて 아이 키우는 것, 육아 | 人格じんかく 인격 | 円満えんまんに 원만히 | 養やしなう 기르다, 부양하다 | 柔軟じゅうなんな 유연한 | 問とい詰つめる 캐묻다, 추궁하다 | 憤怒ふんぬ 분노 | 怒いかり 분노 | 抱かかえる 안다 | 病名びょうめい 병명 | 発覚はっかくする 발각하다, 드러나다 | 処分しょぶん 처분 | 言いい渡わたす 선고하다, 언도하다

나는 평소 속담대로 사는 것을 명심하고 있다(注1). 왜냐면 이렇다 할 종교도 없는데다가 철학도 딱히 없기 때문이다. 선인의 지혜가 녹아 있는 속담대로 산다면 노후가 되어 뉘우칠 일은 적으리라고 믿고 있다. 현대 사회는 사물도, 사고방식도, 방법도 그 수가 너무 많아 어느 것을 취하면 좋을지 정말로 판단하기 어려운 시대이다. 동양과 서양의 종교·철학이 교류하는 가운데 속담의 교류도 왕성하다. 교류라고 해도 책을 통한 소개지만. 각 종교의 가르침에도 관심을 기울이면서 실생활이라고 하는 면에서는 평소에 속담이나 명언집을 인생의 나침반으로 삼고 있다.

(注1) 肝きもに銘めいじる : 마음 깊이 새겨 결코 잊지 않도록 하다, 명심하다

3 문장 안의 속담대로 사는 것을 명심하고 있는 첫 번째 이유는 무엇인가?

1 사고방식도, 방법도 그 수가 너무 많아 판단하기 어려운 시대이기 때문에

2 선인의 지혜를 엿볼 수 있기 때문에

3 종교에 흥미가 없기 때문에

4 평소 속담이나 명언집을 자주 읽고 있기 때문에

ふだんから 평소 | 諺 속담 | 肝に銘じる 명심하다 | 哲学 철학 | 先人 선인 | 溶ける 녹다 | 老後 노후 | 悔いる 뉘우치다 | 判る 이해하다, 판단하다 | 交流する 교류하다 | 盛んだ 왕성하다, 활발하다 | 紹介 소개 | 寄せる (마음을) 기울이다, 드러내다 | 実生活 실생활 | 名言集 명언집 | 羅針盤 나침반 | 刻む 새기다 | 覗く 엿보다

　감기만큼 자주 걸리는 병은 없을 것이다. 남녀노소를 불문하고 일 년 내내라고 말해도 좋을 정도로 가족의 누군가가 감기에 걸린다.

　감기는 전염에 의해서 걸리는 경우도 있지만 보통은 저절로 발병한다. 과로하여 체력을 완전히 소모했을 때 잘 걸릴 뿐만 아니라, 과음으로 인한 피로로 감기에 걸리는 경우도 있다.

　감기는 보통 며칠 쉬거나 약을 먹으면 낫지만, 특수한 경우에는 그것이 원인으로 큰일이 나는 수도 있다. 그런 까닭에 감기를 만병의 근원이라고 하는 것이다. 너무 건강을 과신하지 말고 평소에 감기에 걸리지 않도록 노력하는 것이 현명하다 하겠다.

4 이 문장에서 필자가 가장 말하고 싶은 것은 무엇인가?

1 감기가 들지 않도록 몸을 소중히 하자.

2 피로에 의한 감기에 주의하자.

3 감기는 만병의 근원이라고 말할 수 있지만, 여간해서는 확대하지 않는다.

4 감기보다도 그에 따른 큰 병도 있을 수 있으니까, 조심하자.

風邪(を引く) 감기(에 걸리다) | 老若男女 남녀노소 | ～を問わず ～을 불문하고 | 年がら年中 사시사철, 일 년 내내 | 伝染 전염 | 発病する 발병하다 | 働き過ぎる 과로하다 | 消耗しきる 완전히 소모하다 | 飲み過ぎ 과음 | 疲れ 피로, 피곤 | 数日 며칠, 몇 날 | 特殊な 특수한 | 大事になる 큰일이 나다 | それゆえ 그런 고로, 그런 까닭에 | 万病の元 만병의 근원 | 過信する 과신하다 | 日頃 평시, 평소 | 努める 노력하다, 애쓰다 | 利口だ 영리하다 | めったに 쉽사리, 좀처럼 | 拡大する 확대하다 | 大病 큰 병, 중병

문제 9 다음 문장을 읽고, 다음 질문에 대한 답으로써 가장 적절한 것을 1·2·3·4에서 하나 고르시오.

5월의 골든위크를 맞아 따뜻한 날이 이어지고 있다. 이제야 본격적인 봄이 왔다는 느낌이 든다. 올해는 벚꽃의 개화 시기가 와도 추운 날이 많았다. 기다리고 기다리던 만개한 휴일을 맞이해도 추워서 느긋하게 꽃구경을 할 수 없었다. 벚꽃나무 아래서 바비큐를 하는데, 추워서 바비큐를 굽는 숯불로 몸을 녹이고(注1) 있는 상태다.

옛날부터 삼한사온이라고 하는데, 올 겨울은, 하루는 춥고 다음 날은 따뜻한, 소위 일한일온이다. 그리고 그것이 4월까지 이어지고 있었다. 기온이 올라가는 날은 20도 가까이 되어 덥고 자외선이 강해, 여름을 연상시키는 태양광선이었다.

따뜻한가 하면 이튿날은 기온이 뚝 내려가, 다시 방한 점퍼를 입기도 하였다. 옷을 고르는 것도 예년 같지 않다. 4월에는 전국적으로 큰눈이 내리고 40 몇 년만의 이상한 날씨라며 소란을 떨었다. 세계적으로는 온난화가 진행되는 모양인데, 여기는 한랭화를 느끼는 나날이다.

①이상 기후라는 말이 딱 어울린다.

오래 전부터 이산화탄소를 줄이기 위하여, 친환경 차·친환경 주택 등 환경 대책이 추진되고 있지만, 그 성과를 실감하는 것은 어렵다. 지구 환경은 인간의 노력에 의해, 과연 원래대로 되돌리는 것이 가능할까?

환경 보전·환경 대책은 전 인류 차원에서 추진하지 않으면 안 되는 큰일인데도, 선진국과 개발도상국은 보조를 같이 하지 못 하는 것도 현재의 상태이다. 특히 선진국의 자국중심주의는 납득하기 어렵다. ②불안도 커지는 것이다.

자연이 뒤틀리기 시작하면 당연히 인간도 정상적으로 살 수 없게 된다. ③자연의 반란이 본격화하기 전에, 자연의 노여움을 진정시키는 노력을 서둘러야 한다고 말하지 않을 수 없을 것이다.

(注1) 暖を取る : 몸을 따뜻하게 하다

---

5 ①이상 기후라는 말이 딱 어울린다고 되어 있는데, 왜인가?

1 옛날부터 삼한사온이라고 불리고 있지만, 금년 날씨는 일한일온이기 때문에

2 겨울부터 봄에 걸쳐서 여름 같이 기온이 오르는가 하면, 이튿날은 많은 눈이 내려 겨울 같이 춥거나 하는 것을 되풀이하기 때문에

3 기다리고 기다리던 벚꽃이 만개했는데도 그다지 봄다운 날씨가 아니기 때문에

4 4월에 40 몇 년만의 많은 눈이 내렸기 때문에

6 ②불안도 커지는 것이다라는 것은 무슨 말인가?

1 온난화의 원인인 이산화탄소를 줄일 필요가 있으나, 선진국과 개발도상국과의 협력 체제도 잘 볼 수 없고, 특히 선진국의 자국 중심주의가 문제이므로

2 이산화탄소를 줄이기 위한 친환경차·친환경주택 등이 추진되어 오고 있으나 충분한 성과가 나오지 않기 때문에

3 추워서 점퍼를 입었는가 했더니, 이튿날은 여름의 쨍쨍한 햇볕으로, 이상 기후가 너무 계속되기 때문에

4 온난화 대책을 추진하고 있는데도 갑자기 한랭화 현상이 일어나고 있고, 예상을 할 수 없기 때문에

⑦ ③자연의 반란이 본격화하기 전에, 자연의 노여움을 진정시키는 노력을 서둘러야 한다고 되어 있는데, 필자의 생각에 가장 가까운 것은 어느 것인가?

1 덥기도 하고 춥기도 하고 이상 기후가 계속되면, 건강에 대한 피해도 나오기 쉬우므로 건강 관리를 철저히 할 필요가 있다.

2 이상 기후가 계속되면 계절 감각이 뒤틀려 버려 의류업계 등에 안 좋은 영향이 나오기 쉬우므로 적절한 시책이 필요하다.

3 이상 기후가 지속적으로 전개되기 전에, 온난화 대책 등을 초국가적인 수준에서 추진해 갈 필요가 있다.

4 자연의 대재해가 오기 전에, 그 방호(防護) 대책을 거국적으로 벌일 필요가 있다.

ゴールデンウィーク 골든위크, 황금연휴(4월 말에서 5월 초에 걸친 연휴) | 本格的 본격적 | 開花 개화 | 待ちに待った 기다리고 기다리던 | 満開 만개 | 花見 꽃구경 | 木 나무 | バーベキュー 바비큐 | 焼く 굽다, 태우다 | 炭火 숯불 | 暖を取る 몸을 따뜻하게 하다 | 状態 상태 | 三寒四温 삼한사온 | 一寒一温 일한일온 | 紫外線 자외선 | 太陽光線 태양광선 | 防寒ジャンバー 방한 점퍼 | 衣類 의류 | 例年 예년 | 大雪 대설, 큰눈 | 異常な 이상한 | 天候 날씨, 일기 | 騒ぐ 떠들다, 소란을 피우다 | 温暖化 온난화 | 寒冷化 한랭화 | 日々 나날, 매일 | 異常気象 이상 기상, 이상 기후 | ピッタリ 꼭, 딱 | 二酸化炭素 이산화탄소 | エコカー 친환경 차 | エコ住宅 친환경 주택 | 果たして 과연 | 元に戻す 원래대로 되돌리다 | 保全 보전 | 次元 차원 | 先進国 선진국 | 発展途上国 발전도상국 | 歩調 보조 | 現状 현상, 현재의 상태 | 自国中心主義 자국중심주의 | 狂う 미치다, 어긋나다 | 正常に 정상적으로 | 反乱 반란 | 鎮める 가라앉히다, 진정시키다 | 繰り返す 반복하다, 되풀이하다 | 協力体制 협력 체제 | かんかん照り 뙤약볕 | 徹底する 철저히 ~하다 | 季節感覚 계절 감각 | 衣料業界 의류업계 | 施策 시책 | 持続的 지속적 | 超国家的 초국가적 | 大災害 대재해 | 防護対策 방호 대책 | 国家を挙げて 국가를 통틀어서, 거국적으로 | 取り組む 일에 대처하다, 몰두하다

일본의 수도 도쿄를 ①괴물(注1) 도시라 부르고 있다. 무엇이 괴물인가? 도쿄의 도시 구조가 확대되고 있는 점이다. 옆으로 위로 아래로 도쿄가 넓어지고 있다.

먼저 옆으로의 확대인데, 도쿄 23구를 중심으로 다마 지구, 그리고 이웃 현인 사이타마 현, 가나가와 현, 지바 현으로 연결된 대도시권을 이루고 있다. 도쿄도 1,300만 정도의 인구인데 해마다 인구가 늘고 있다. 뿐만 아니라, 이웃 현까지 포함하여 3,000만의 인구가 도쿄 대도시권에 살고 있다. 3,000만 도시란 것은 세계에서도 톱클래스다.

다음으로 위로의 확대이다. 이것은 즉 고층 빌딩의 건축 러시이다. 도쿄의 마루노우치를 중심으로 하는 도심 고층 빌딩, 신주쿠 부도심의 고층 빌딩, 신바시에서 시나가와에 이르는 고층 빌딩, 그밖에 여러 곳에서 고층 빌딩이 건축되어 치솟고 있다. 그 ②수로 말하면(注2) 세계에서도 유례를 볼 수 없다고 한다.

세 번째의 확대는 아래, 즉 지하로의 확대이다. 종횡으로 둘러싸인 지하철망은 세계에서도 손꼽을 정도지만, 더욱 지하철 그리고 지하 고속도로의 건설이 진행되어 지하가 점점 더 활기를 띠고 있다. 정말로 도쿄를 괴물 도시라고 말해도 될 것이다.

동시에 일본은 지진국이기 때문에 내진화도 진행되고 있다. 그러나 상상 이상의 지진이 온다면 두려울 정도의 피해가 발생할 가능성도 생각해 볼 수 있다.

도쿄의 거대화, 괴물화는 이 정도로 하고 수도 기능을 다른 지역으로 분산해야 한다고 많은 관련 전문가(注3)가 논하고 있는 것을 잊어서는 안 된다.

(注1) モンスター : 괴물, 몬스터

(注2) たるや : ~로 말하면

(注2) 有識者(ゆうしきしゃ) : 학문과 식견이 높은 사람으로 권위가 있는 전문가

---

8 ①괴물 도시란 어떤 말인가?

1 괴물처럼 확대되는, 더럽고 왠지 으스스하고 기분이 나쁜 도시

2 괴물처럼 도시 구조가 입체적으로 계속 확대하고 있는 도시

3 괴물처럼 거대하며 파악하는 것이 어려운 도시

4 괴물처럼 무미한 거대한 콘크리트 덩어리 같은 도시

9 ②수로 말하면 세계에서도 유례를 볼 수 없다란 어떤 말인가?

1 고층 빌딩의 수만으로 보더라도 도시의 너비는 알 수 없다.

2 고층 빌딩의 수만으로 보더라도 도시의 인구는 알 수 없다.

3 도쿄의 고층 빌딩 수는 비교적 적은 편이다.

4 도쿄의 고층 빌딩 수는 세계에서도 가장 많은 도시의 부류에 들어간다.

10 이 문장에서 필자가 가장 말하고 싶은 것은 무엇인가?

1 괴물 도시 도쿄에 거대 지진이 오면 상상을 초월하는 피해가 발생할 우려가 있으므로, 지진 예지에 관한 연구가 시급하다.

2 수도 도쿄가 괴물처럼 확대되고 있는데, 대재해를 초래할 위험성도 있고, 또 수도로서의 기능이 너무 집중해 있으므로 일부 지방에도 나누는 것이 좋다.

3 도쿄가 옆으로 위로 밑으로 괴물처럼 확대되고 있다. 확대에 따른 인구 집중과 과밀화가 심각한 문제로 되고 있다.

4 도쿄의 거대화, 괴물화가 너무 진행된다고 지적하는 유관 전문가들이 늘고 있다. 유관 전문가를 모아서 철저한 논의가 필요하다.

首都(しゅと) 수도 | モンスター 몬스터, 괴물 | 構造(こうぞう) 구조 | 横(よこ) 옆, 가로 | 拡(ひろ)がる 넓어지다 | 多摩地区(たまちく) 다마 지구(도쿄의 지구명) | 埼玉県(さいたまけん) 사이타마 현(도쿄 부근의 현명) | 神奈川県(かながわけん) 가나가와 현(도쿄 부근의 현명) | 千葉県(ちばけん) 지바 현(도쿄 부근의 현명) | 連結(れんけつ)する 연결되다 | 一大(いちだい) 일대, 큰 | 都市圏(としけん) 도시권 | なす 이루다 | 近隣県(きんりんけん) 근린 현, 이웃 현 | 含(ふく)める 포함하다 | トップクラス 톱클래스, 정상급 | 高層(こうそう)ビル 고층 빌딩 | 建築(けんちく) 건축 | ラッシュ 러시, 쇄도 | 丸(まる)の内(うち) 마루노우치(도쿄의 지명) | 都心(としん) 도심 | 副都心(ふくとしん) 부도심 | 新橋(しんばし) 신바시(도쿄의 지명) | 品川(しながわ) 시나가와(도쿄의 지명) | そびえる 치솟다 | ~たるや ~라는 것이, ~로 말하면 | 類(るい)を見(み)ない 유례를 볼 수 없다 | 縦横(じゅうおう) 종횡 | 巡(めぐ)る 둘러싸다 | 地下鉄網(ちかてつもう) 지하철망 | 有数(ゆうすう) 유수, 특별히 손꼽을 정도로 눈에 띔 | さらなる 한층 더, 더욱더 | 高速道路(こうそくどうろ) 고속도로 | 地震国(じしんこく) 지진국 | 耐震化(たいしんか) 내진화 | 想定(そうてい) 어떤 상황을 가정함, 상상 | 巨大化(きょだいか) 거대화 | 分散(ぶんさん)する 분산하다 | 有識者(ゆうしきしゃ) 유식자, 관련 분야 전문가 | 論(ろん)じる 논하다 | 怪物(かいぶつ) 괴물 | 汚(きた)い 더럽다 | 不気味(ぶきみ)だ (어쩐지) 기분이 나쁘다, 으스스하다 | 立体的(りったいてき) 입체적 | 把握(はあく)する 파악하다 | 味気(あじき)ない 무미하다, 따분하다 | コンクリート 콘크리트 | 塊(かたまり) 덩어리 | 絶(ぜっ)する 넘다, 초월하다 | 恐(おそ)れ 우려 | 予知(よち) 예지 | 集中(しゅうちゅう)する 집중하다 | 伴(ともな)う 따르다, 수반하다 | 過密化(かみつか) 과밀화 | 指摘(してき)する 지적하다

드디어 프로 야구가 개막하여, 긴 페넌트레이스가 시작했다. 그런 때에 응원하는 팀의 코치가 교통사고로 사망하였다.

작년까지 현역을 뛰며 찬스에 강하고 근성(注1)이 있는 그 모습을 좋아하였다. 올해부터 코치로 승격한 직후(注2)의 일이었다.

①타계를 애석해 하며 텔레비전에서도 연일 보도되고, 그 성장 과정(注3)이나 가족 관계가 방영되어 눈물이 나왔다. 현역 은퇴 시의 인터뷰에서는, 가족에 대한 감사의 마음을 말했었다. 특히 아이들에 대한 애정이 깊어서, 시합으로 지쳐서 귀가한 날에도 숙제를 체크할 정도였다.

현역 시절부터 여가 시간을 내어, 자신이 성장한 소년야구팀의 코치를 자진해서 맡아(注4) 자원봉사로서 열심히 가르쳤었다.

이기주의와 개인주의 풍조가 강해지는 요즘 일본. 자녀의 부모 살해, 부모의 자식 학대, 그야말로 손쉬운 불륜(注5)과 부부 이혼, ②참으로 개탄스러운 것이다.

그런 가운데 가족을 사랑하고 그리고 자신을 길러 준 소년야구팀에 감사하고, 지도를 맡은 사랑과 봉사 정신에 감명을 받았다.

더 오래 살기를 바라는 사람이 먼저 이 세상을 떠나고(注6), 죄의식도 없이 사회악을 저지르는, 아무래도 상관없는 그런 사람이 오래 사는 경우가 있다. 이 세상은 반드시 능력이나 노력에 비례하여 수입이 있거나, 사회적으로 성공하거나 인정 받는 것은 아니라고 하는 것은 알면서도 납득이 안 되는 것이다. 뭐, 그것을 운명이라고 하면 어쩔 수 없지만. 존귀한 인생을 걸어온 그 선수가 참으로 그리워진다.

(注1) ガッツ : 의욕・근성

(注2) 矢先 : 무언가를 하려고 하는 바로 그 때

(注3) 生い立ち : 성장 과정

(注4) 買って出る : 자진하여 떠맡다

(注5) 浮気 : 불륜

(注6) 旅立つ : 돌아가시다, 세상을 떠나다

(注7) 無性に : 억제를 다 할 수 없는 상태, 마구

11 ①타계를 애석해 하며란, 어떤 의미인가?

1 돌아가신 분을 그리워하며 안타깝게 여기며

2 돌아가신 분에 대한 미안함을 담아서

3 돌아가신 분을 칭송하기 위해서

4 돌아가신 분에 대한 감사의 마음을 담아서

12 ②참으로 개탄스러운 것이다라고 필자가 말하는 이유는 무엇인가?

1 응원하는 프로 야구팀의 사람이며, 찬스에 강하고 근성도 있는 우수한 선수를 잃었기 때문에

2 가족을 끔찍이 사랑하고, 자신을 길러 준 소년야구팀에 감사와 봉사로 보답하는 그런 훌륭한 분이 돌아가셨기 때문에

3 이기주의와 개인주의가 강해지고 있으나, 그것들을 교육하고 바로잡아 갈 학교가 전혀 없기 때문에

4 이기주의가 확대되고 가정이 붕괴하며, 일찍이 생각할 수 없었던 그와 같은 사건도 일어나고 있기 때문에

13 이 문장을 통해서, 엿보이는 필자의 가장 강한 심정은 무엇인가?

1 필자는 좋아했던 선수의 사고사를 슬퍼하고 있다.

2 필자는 죄의식도 없이 사회악을 행하는 사람을 싫어하고 있다.

3 필자는 살인사건을 줄이고 원만한 가정 만들기를 촉구하고 있다.

4 필자는 능력이나 노력에 비례하는 세상이기를 바란다고 말하고 있다.

いよいよ 드디어, 곧 | 開幕する 개막하다 | ペナントレース 페넌트레이스 | 応援する 응원하다 | コーチ 코치 | 務める 맡다 | チャンス 찬스 | ガッツ 근성 | 昇格する 승격하다 | 矢先 막 ~하려던 참 | 他界 타계 | 惜しむ 애석히 여기다 | 連日 연일 | 報道する 보도하다 | 生い立ち 성장 과정 | 映し出される 방영되다 | 引退 은퇴 | インタビュー 인터뷰 | 感謝の思い 감사의 마음 | 語る 말하다 | 買って出る 자진해서 맡다 | エゴイズム 에고이즘, 이기주의 | 個人主義 개인주의 | 風潮 풍조 | 昨今 작금, 요즘 | 親殺し 자식이 어버이를 죽임 | 虐待 학대 | いとも 그야말로, 너무나도 | 浮気 바람기, 불륜 | 嘆かわしい 개탄스럽다 | 指導 지도 | 当たる (역할을) 맡다 | 奉仕 봉사 | 心を打たれる 깊은 감명을 받다 | 長生きする 장수하다 | いち早く 재빨리 | 旅立つ 세상을 떠나다, 여행을 떠나다 | 罪意識 죄의식 | 社会悪 사회악 | 比例する 비례하다 | 運命 운명 | 尊い 존귀하다, 귀하다 | 歩む 걷다 | 無性に 마구, 까닭없이 | やる気 의욕 | 根性 근성 | 過程 과정 | 引き受ける 떠맡다 | 不倫 불륜 | 抑える 누르다, 억제하다 | やたらに 마구 | 懐かしむ 그리워하다 | すまなさ 미안함 | 褒め称える 칭송하다 | 優秀な 우수한 | 家族思い 가족을 끔찍이 사랑함 | 応える 보답하다 | 崩壊する 붕괴하다 | うかがう 엿보다 | 促す 촉구하다

문제 10 다음 문장을 읽고, 다음 질문에 대한 답으로써 가장 적절한 것을 1·2·3·4에서 하나 고르시오.

봉급날만큼 기다려지는 날이 또 있을까. 급료라고 하는 것은 가장(注1)은 물론이고, 아내도 아이들도 또는 조부모와 같이 사는 경우는 조부모까지 '봉급날'을 몹시 기다리는 법이다. 그러나 봉급날만큼 무서운 날도 없다. 봉급날에 각종 사고나 인신사고가 많이 일어나기 때문이다. 애태우며 기다리기는커녕 가장 조심하지 않으면 안 되는 날이다.

돈이 싫다고 하는 사람을 나는 아직 본 적이 없다. 돈이 있어야 비로소 집세를 낼 수 있고, 먹거리나 옷도 살 수 있기 때문이다. 의료보장제도가 비교적 완비된 나라의 사람이라도, 돈이 모자라서 ①현실적으로는 충분한 검사를 못 받거나 수술을 연기해야 하는 일이 없지도 않다.

세계 제3위의 경제대국이고 1인당 GDP가 4만 달러를 넘는 일본에서도 전기료를 내지 못해 전기가 끊긴 끝에 화재를 내 버렸다는 사고도 있다.

믿기 어려운 이야기겠지만 화재를 낸 사람은 지방에서 상경한 여성. 아파트를 빌려 반년이나 일자리를 찾은 끝에 어렵사리 취직에 성공했는데, 입사 후 반년도 지나기 전에 회사의 도산과 실직. 실업 수당으로 그럭저럭 최저 생활을 하면서 다음 일을 찾는 중에 돈이 다 떨어져, 전기료의 체납이 발생, 결국 전기가 끊기고 말았다. 어쩔 수 없이 촛불을 켜고 생활하던 중, 깜빡 화재를 내고 말았다는 것이다. 돈의 중요성을 두 번 세 번 강조할 필요는 없을 것이다.

그런데 돈이 있어 아니, 너무 많아 일어나는 불상사도 많으므로 돈에 얽힌 이야기가 많이 있는 것은 아닐까? 돌아가신 부모가 유산을 많이 남김으로써 골육상쟁(注2)이 일어나는 ②아이러니한 이야기도 적지 않다.

또, 기다리고 기다리던 봉급날인데 새삼스레 급료가 많다는 등, 적다는 등 분쟁이 일어나는 가정도 있다. 급료를 받아 지불해야 할 항목을 조목조목 써 보니 별로 남지 않는다. 한숨만 쉬는 아내. 기분이 나빠진 남편은 밖에 나가 한잔. 집에 돌아오자 "가뜩이나 돈이 모자라는데, 술이 잘도 목을 넘어가네"라며 큰 소리. 결국 부부 싸움이라는 패턴도 가끔 듣는다.

봉급날이니까 호화로운 식재료를 사, 가족이 모여 즐거운 만찬회를 벌일 수 있다면 나무랄 데가 없다. 그러나 봉급날이라서 오히려 우울한 기분이 되거나 맥이 풀리거나 하는 경우도 종신 고용 제도의 개념이 희박해진 지금은 곧잘 듣는 이야기다. 봉급날 사고의 NO.1은 뭐니뭐니 해도 음주 후의 차량 운전과 그에 따른 사고. 경상으로 끝나면 몰라도 음주 운전의 무서움은 사고의 크기가 다르니까 모두들 두려워하지 않을까. 평일보다 봉급날에 큰 사고가 많이 일어나기 쉽다는 신빙성 높은 통계도 있다.

③수입이 많은 사람이라도 불상사에 휘말리는 일이 적지 않다. 봉급날은 기분이 좋다보니 그만 과음해서 사고를 내는 경우도 있기 때문이다. 비싼 가게를 출입하거나 충동 구매를 해서 부부의 다툼이 일어나는 일도 있다. 지갑이 두둑해지면(注3) 평상심을 잃기 쉽다. 인간은 다소 교만을 떠는(注4) 성질을 가지고 있기 때문일 것이다. 그것이 다양한 형태의 사고로 나타나기 때문에 봉급날에 나쁜 일이 많다고 하는 까닭이리라. 급료와 아울러 보너스가 나온 날도 사고가 일어나기 쉽다고 한다. 돈에 여유가 생기면 쇼핑이나 외식 혹은 여행 등의 목적으로 멀리 나가는 경우가 늘어난다. 그렇게 되면 갈 때나 돌아올 때 한잔하기 쉬운 환경 아래에 놓인다. 자신뿐만 아니라 다른 사람도 마찬가지라, 사고 확률은 그만큼 올라간다. 지

갑이 두둑해지면 마음이 해이해지기 쉽고 그것이 결국 사고로 이어질 개연성을 높이는지도 모른다. 선인이 가르쳐 주고 깨우쳐(注5) 준 '호사다마'를 결코(注6) 잊지 말지어다.

(注1) 一家の長たる者 : 가장

(注2) 骨肉の争い : 부모와 자식이나 형제끼리의 싸움

(注3) 懐が温かい : 소지금이 넉넉히 있다

(注4) 驕り高ぶる : 마음이 우쭐하여 교만한 태도를 취하다

(注5) 教え諭す : 잘 이해할 수 있도록 이야기하여 들려주다

(注6) ゆめゆめ : 결코, 절대로

14 ①현실적으로는 충분한 검사를 못 받거나 수술을 연기해야 하는 일이 없지도 않다고 되어 있는데, 그것은 왜인가?

  1 의료보장제도는 비교적 완비되어 있으나, 수술에 따른 위험성이 있기 때문에

  2 의료보장제도가 비교적 완비되어 있어도, 전액 지원은 아니기 때문에

  3 의료보장제도가 비교적 완비되어 있어도, 실제 부담액이 커기 때문에

  4 벌이가 나빠서 생활에 있어서 충분한 수입이 없기 때문에

15 ②아이러니한 이야기란 어떤 뜻인가?

  1 돈이 없어서 난처했던 이야기

  2 많은 재산이 오히려 역효과를 낸 것

  3 돌아가신 부모가 재산을 많이 남긴 것

  4 봉급날에 한하여 과음하는 것

16 ③수입이 많은 사람이라도 불상사에 휘말리는 일이 적지 않다고 되어 있는데, 그것은 왜인가?

  1 급료가 많이 나오면 평소와 같은 마음 상태가 안 되기 쉽기 때문에

  2 많은 급료가 나온 날은 부부 싸움을 하기 쉽기 때문에

  3 많은 급료가 나온 날은 아무데도 가지 않기 때문에

  4 봉급날은 친구와 만나서 자주 마시기 때문에

17 이 문장에서 필자가 가장 말하고 싶은 것은 무엇인가?

1 인간에게는 교만을 떠는 습성이 있으므로 봉급날도 평일도 조심해야 한다.

2 급료가 적으면 가정의 평화를 유지하기 어려우므로 부업 같은 것도 해서 돈을 많이 벌지 않으면 안 된다.

3 봉급날이나 보너스가 나온 날은 밖에서 과음하거나 충동 구매를 하거나 하기보다 일찍 집에 돌아가서 가족과 지내야 한다.

4 기분이 좋을 봉급날이라도 방심하면 돌이킬 수 없는 사고와 조우할 개연성이 높으므로 삼갈 필요가 있다.

給料日 봉급날, 월급날 | 一家の長たる者 가장 | 祖父母 조부모 | 待ちわびる 애타게 기다리다 | 人身事故 인신사고 | 用心する 조심하다 | 家賃 집세 | 食料 먹거리, 식료 | 医療保障制度 의료보장제도 | 完備する 완비하다 | 足りない 모자라다, 부족하다 | 延期する 연기하다 | なきにしもあらず 전혀 없는 것도 아니다, 없지도 않다 | ~当たり ~당 | 電気代 전기료 | 挙げ句 끝, 결국 | 上京する 상경하다 | 職探し 일 찾기, 직장 구하기 | 倒産 도산 | 失職 실직 | 失業手当て 실업 수당 | 最低 최저 | 底をつく 바닥나다, 동이 나다 | 滞納 체납 | やむなしに 어쩔 수 없이 | ロウソク 촛불 | 灯す 불을 켜다 | 強調する 강조하다 | 不祥事 불상사 | まつわる 얽히다 | 亡き 돌아가신 | 遺産 유산 | 骨肉の争い 골육상쟁, 혈육 분쟁, 집안 다툼 | 皮肉な 얄궂은, 짓궂은, 아이러니한 | イザコザ 옥신각신, 분쟁 | 支払う 지불하다 | 項目 항목 | 箇条書きにする 조목조목 쓰다 | ため息 한숨 | 旦那 남편 | ただでさえ 안 그래도, 가뜩이나 | 喉を通る 목을 넘어가다 | 怒声 노성, 분노의 목소리 | 挙げ句の果て 끝, 결국 | パターン 패턴 | 豪華な 호화로운 | 食材 식재료 | 買いそろえる 사서 갖추다 | そろう 모이다 | 愉しい 즐겁다 | 晩餐会 만찬회 | 憂欝な 우울한 | 気が滅入る 기가 죽다, 맥이 빠지다, 울적하다 | 終身雇用制度 종신 고용 제도 | 概念 개념 | 希薄になる 희박해지다 | 耳にする 듣다 | アクシデント 사건, 사고 | 飲酒 음주 | 軽傷 경상 | まだしも 그런대로, ~라면 몰라도 | 恐れる 두려워하다, 무서워하다 | 平日 평일 | 信憑性 신빙성 | 統計 통계 | 巻き込まれる 휘말리다, 말려들다 | 深酒する 과음하다 | 事故る 사고를 내다 | 出入りする 출입하다 | 衝動買い 충동 구매 | もめごと 분쟁, 다툼 | 懐が温かい 주머니가 두툼하다 | 平常心 평상심 | 驕り高ぶる 교만 떨다, 우쭐거리다 | ゆえん 까닭 | 併せて 아울러 | ボーナス 보너스 | 余裕 여유 | 遠出する 멀리 나가다, 먼 길을 나서다 | 弛みが生じやすい 해이해지기 쉽다 | 蓋然性 개연성 | 教え諭す 사물의 도리를 알 수 있도록 말하다 | 好事魔多し 호사다마 | ゆめゆめ 결코, 절대로 | 勿れ 말라, 말지어다 | 家長 가장 | 親子 부모와 자식 | ~同士 ~끼리 | 所持金 소지금 | たっぷり 충분히, 넉넉히 | 思い上がる 우쭐하다 | 高慢な 교만한 | 態度 태도 | 全額 전액 | 稼ぎ 벌이 | 財産 재산 | 裏目に出る (잘 되었다고 생각해서) 한 일의 결과가 예상과 다르게 되다 | 心持ち 마음, 기분 | 習性 습성 | 平和 평화 | 保つ 유지하다 | 副業 부업 | 気を許す 방심하다 | 取り返しのつかない 되돌릴 수 없다 | 遭遇する 조우하다

문제 11 다음 A와 B의 투서를 읽고, 다음 질문에 대한 답으로써 가장 적절한 것을 1·2·3·4에서 하나 고르시오.

A

경제난과 범죄율의 상관관계는 인류의 역사와 함께 있었다고 말해도 틀리지 않을 것이다. '사람은 누구라도 며칠이나 아무것도 안 먹으면, 머리가 몽롱해져(注1) 음식을 구하기 위하여 도둑질이든 뭐든 하기 쉬워진다'고 흔히들 말한다. 전쟁이나 대재해까지는 안 간다 해도, 며칠이나 먹지 못 하면 누구라도 나쁜 일에 손을 대기 쉬운 법이다. 불황이 계속되고 있는 요즘, 좀 신경이 쓰인다면 쓰인다. 방범 카메라의 수를 더 늘려 주길 바란다고 고충을 토로하는 주민들이 있는 한편에서, 필요 이상으로 많이 설치하는 것은 프라이버시 침해라고 소리 높여 말하는 사람도 있다.

골목이 많은 서민층 주민은 증설을, 고급 주택가일수록 증설을 환영하지 않는 분위기도 있다. 미궁에 빠질 뻔한 사건이 방범 카메라나 감시 카메라에 의해 해결되는 경우도 적지 않다. 설치를 늘리는 것은 피할 수 없는 시대의 요청이기는 하지만, 그것을 좋아하지 않는 사람도 있으니까 일단은 적정한 수나 장소를 정하는 것이 먼저라고 생각한다.

(注1) 朦朧としてきて : 의식이 확실치 않게 되어

B

방범 카메라의 역할은 사건을 미연에 방지하는 데 있으므로, 방범 카메라의 증설은 이제 취사선택의 문제가 아니다. 필요하다고 생각되는 지역에 속속 방범 카메라를 배치하는 것은 주민의 안전과 재산을 지키는데 부득이한 일이다.

우리나라는 이전에는 안전대국이라고 했는데 근년의 경기 침체로 의한 사회 불안 등에 의해 다양한 사건, 사고가 많이 발생하게 되었다. 특히 빈집털이(注1) 의 증가가 근래 눈에 띈다. 그러나 범죄의 조직화, 하이테크화 등에 의해, 검거율은 아주 낮아, 지금까지 유지해 온 '안전 신화'는 무너지고 있는 것이 현재의 상황이다. 국가가 설치하는 방범 카메라뿐만 아니라 각 집마다의 안전 대책 강화도 필요하다고 생각한다. 물론 방범 카메라의 증설이 프라이버시 침해로 이어질 가능성이 전혀 없다고는 할 수 없지만, 안전보다 더 나은 것은 없으므로 증설은 어쩔 수 없다고 생각한다. 시대의 요청에 미심쩍은 듯한(注2) 태도를 취해서는 안 된다.

(注1) 空き巣 : 빈집에 들어가 도둑질을 하는 것, 또는 그 사람

(注2) 訝しい : 의심스럽다

---

18 방범 카메라의 증설에 대해서, A와 B는 어떤 태도를 취하고 있는가?

1 A도 B도 적극적으로 증설에 찬성한다.

2 A도 B도 적극적으로 증설에 반대한다.

3 A는 기본적으로 찬성하지만, B는 적극적으로 찬성한다.

4 A는 기본적으로 찬성하지만, B는 소극적으로 찬성한다.

19 A와 B의 어느 투고에도 언급되어 있는 내용은 무엇인가?

　1 시대의 요청이라고는 하나, 방범 카메라의 증설은 신중하게 추진해야 한다.

　2 시대의 요청을 무시하고 방범 카메라의 증설에 반대하는 것은 받아들일 수 없다.

　3 경제적 불안과 범죄율의 증가에는 무언가 관계가 있다.

　4 서민층 동네냐 고급 주택지냐에 따라 방범 카메라의 증설에 대한 반응이 다른 것은, 재미있다면 재미있다.

20 A와 B의 가장 큰 차이는 무엇인가?

　1 A는 적극적으로 찬성하지만, 반대하는 사람들을 위하여 적정함을 산출하여 추진하는 것이 좋다고 말하고 있다.
　　그 반면 B는 무조건적으로 추진해야 한다고 주장하고 있다.

　2 A는 적극적으로 찬성하지만, 반대하는 사람들을 위하여 그들을 설득해서 추진하는 것이 좋다고 말하고 있다.
　　그 반면 B는 서민층 동네부터 증설을 서둘러야 한다고 주장하고 있다.

　3 A는 기본적으로는 반대하지만, 찬성하는 사람들을 위하여 빨리 추진하는 것이 좋다고 말하고 있다. 그 반면 B는
　　천천히 추진해야 한다고 주장하고 있다.

　4 A는 기본적으로는 찬성하지만, 반대하는 사람들을 위하여 적정함을 산출하여 추진하는 것이 좋다고 말하고 있
　　다. 그 반면 B는 무조건적으로 추진해야 한다고 주장하고 있다.

投書 투서 | 経済難 경제난 | 犯罪率 범죄율 | 相関関係 상관관계 | 朦朧する 몽롱하다 | 泥棒 도둑(질) | 戦争 전쟁 | 大災害 대재해 | 手を出す 손을 대다 | 今日このごろ 요즘, 최근 | いささか 조금, 다소 | 気になる 신경이 쓰이다, 마음에 걸리다 | 防犯カメラ 방범 카메라 | 苦情を出す 고충을 말하다 | 住民 주민 | 一方 한편 | 設置する 설치하다 | プライバシー侵害 프라이버시 침해 | 声高に言う 소리 높여 말하다 | 路地 골목 | 下町 서민층 거주지, 마을, 동네 | 増設 증설 | 高級住宅街 고급 주택가 | ～であればあるほど ~일수록 | 歓迎する 환영하다 | 迷宮 미궁 | 陥りかける 빠질 뻔하다 | 監視 감시 | 要請 요청 | 適正な 적정한 | 未然に 미연에 | もはや 이제는, 벌써 | 取捨選択 취사선택 | 配備する 배치하다 | 景気低迷 경기 하락, 경기 침체 | 多発する 다발하다, 많이 발생하다 | 空き巣 빈집털이 | 目立つ 눈에 띄다 | 組織化 조직화 | ハイテク化 하이테크화 | 検挙率 검거율 | 神話 신화 | 崩れる 무너지다 | 強化 강화 | 訝しい 의심스럽다, 미심쩍다 | ～げ ~듯한 모양, ~한 듯 | 留守宅 주인이 집에 없는 집 | 盗みを働く 도둑질을 하다 | 疑わしい 의심스럽다 | 慎重に 신중하게 | 反応 반응 | 算出する 산출하다 | 反面 반면 | 説得する 설득하다

문제 12 다음 문장을 읽고, 다음 질문에 대한 답으로써 가장 적절한 것을 1·2·3·4에서 하나 고르시오.

20대 중에 해 두어야 할 일은 여러 가지 있겠지만, 나는 좌우지간에 다부진 체력을 기르는 것이 최우선 과제라고 생각한다. 이것은 너무 당연한 이야기이므로 잊기 십상인데, 건강을 잃고서는 모두가 엉망이 되니 조심해야만 한다. 다음으로 중요하다고 생각하는 것은 폭넓은 독서이다.

학력을 중시하는 풍조는 약해지고 있다고는 말하고 있지만, 그것을 신경 쓰는 사람도 줄어들지 않고 있다. 연고 사회의 악폐를 지적하는 자칭 타칭의 지식인조차 자신의 자식을 좋은 대학에 넣기 위하여 혈안이 되어 있다. 물론 ①그것이 나쁘다는 것은 아니다. 하여간 좋은 대학에 들어가려면 고교 3년간은 죽을 각오로 공부에 힘쓰지 않으면 안 된다. 당연히 독서로 돌릴 시간 따위는 없다. 필요하지만 시간이 없다.

우리들은 어릴 때부터 학교 선생님에게도 가족에게도 책을 읽어라, 책을 읽어라, 라고 귀에 못이 박일 정도로 들어 왔다. 그것을 재촉하는 것은 인간만이 아니다. 책에도 그것이 실려 있어, 거의 노이로제 상태. 그래 놓고서 무엇을 어떻게 읽으면 좋은지는 별로 가르쳐 주지 않는다. "선택하는 것이 어렵다면 전집 같은 것을 읽으면 되잖아"라고 말할지도 모르지만, 첫째로 그런 소리를 하는 사람은 자신은 그렇게 했는지, 라고 먼저 되묻고 싶다. 그렇게 많은 책을 전부 읽으라니 책값도 물론이거니와 그런 짓거리를 하고 있다가는 학교 공부는 도대체 어떻게 되냐고 반문하고 싶어진다.

"책을 읽어라"가 아니라, "이 책을 읽어라"여야 한다. 요컨대, 책의 종류, 내용, 수준 등을 잘 분간하고 나서 "권해 달라"라고 말하고 싶은 것이다. 인터뷰를 하고 있는 기자가 아무런 예비 지식도 없이 단지 마이크만 갖다대는 장면을 보면 ②공연히 화가 치미는데, 그것과 완전히 같은 것이다. 인간의 정신에 때로는 좋은 자양분을, 때로는 나쁜 영향을 줄지 모르는 책을 스스로 고르라니. 소상한 설명 없이 그냥 '읽어'로는 오히려 달갑지 않은 호의다.

스무살이 된 아들(注1)에게 어느 날 하나의 제안을 했다. "매월 1권씩 책을 사줄 테니 읽지 않을래. 하룻밤에 읽든 한 달 걸려 읽든 상관없다.

어쨌거나 그 책의 감상을 들려주면 된다. 책을 읽은 후 감상을 이메일로 보내 주면 좋겠다. 감상문이 도착하면 다음 책을 사 주마. 상(賞)이라고 말하는 것도 좀 그렇지만, 1권을 다 읽을 때마다 네 명의의 통장에 만 엔씩 적립해 두마. 감상문이 열 번 도착할 때마다 보너스라고 말하는 것도 이상하다만, 5만 엔엔 또 플러스하마. 통장은 100권 다 읽은 시점마다 건넬게, 어떠냐"

돈이 관계되어 있어서인지 어떤지는 모르겠지만, 어쨌든 아들로부터 OK라는 대답을 받았다. 이후, 벌써 33회나 감상문을 받았다. '한 달'이라는 단위로 말했는데도 독서의 깊은 맛에 빠졌는지 돈이 목적인지 가속도가 붙어 맹렬한 스피드. 책 선정은 전부 내가 한다. 일부러 영일 대역의 동화부터 사 주고 있다. (중략)… 나의 ③필살의 계산이 통했는지, 아들은 바뀌기 시작하고 있다.

(注1) 倅 : 아들

①그것이 나쁘다는 것은 아니다라고 되어 있는데, 필자는 학력사회를 어떻게 보고 있는 것인가?

1 좋은 대학에 들어가기 위하여 온갖 노력을 아껴야 한다.

2 좋은 대학에 들어가기 위하여 온갖 노력을 하는 것은 당연하다.

3 좋은 대학에 들어가기 위하여 온갖 노력을 하는 것은 이치에 맞다.

4 좋은 대학에 들어가기 위하여 온갖 노력을 하는 것도 현실적으로 어쩔 수 없다.

22 ②공연히 화가 치미는데, 그것과 완전히 같은 것이다라고 되어 있는데, 그것과 관련성이 약한 것은 어느 것인가?

1 하나의 결론에 이르기까지의 충분한 사전 조사와 정보 없이, 어떤 행동만을 요구하기 때문에

2 하나의 결론에 이르기까지의 충분한 설명이 없고, 자신의 생각만으로 말을 하기 때문에

3 하나의 결론에 이르기까지의 설명과 정보를 근거로, 어떤 행동을 권하기 때문에

4 어떤 결론에 도달한 경위는 별로 언급하지 않고, 자기주장만 하기 때문에

23 ③필살의 계산이라고 되어 있는데, 가장 가까운 의미는 무엇인가?

1 책을 읽지 않는 아들에게 억지로라도 독서의 중요성을 파악시키려고 하는 부모의 마음

2 책을 좋아하지 않는 아들에게 특이한 자극을 주어서라도 책을 좋아하게 하려는 부모의 마음

3 책을 잘 읽는 아들에게 자극을 주어서, 보다 책을 더 읽게 하려는 아버지의 마음

4 책을 거의 읽지 않는 아들에게, 저축의 중요성을 알게 하려는 부모의 마음

24 필자의 제안을 통해서 엿볼 수 있는 것은 무엇인가?

1 필자는 부자이며, 교육공학에도 조예가 깊다.

2 필자는 그다지 돈에 곤란을 겪지 않는 것 같고, 또 육아에도 물질적인 지원을 아끼지 않는다.

3 학력도 부정은 하지 않지만, 그것보다 독서의 중요성을 절실히 느끼고 있다.

4 독서하지 않는 것에 대한 폐해를 최소한으로 묶어두려고 하는 심정을 엿볼 수 있다.

何はともあれ 어쨌든, 여하튼 | 逞しい 늠름하다, 당차다, 다부지다 | 最優先課題 최우선 과제 | 台無し 형편없이 됨, 엉망이 됨 | 学歴 학력 | 重んじる 중히 여기다 | 風潮 풍조 | 弱まる 약해지다 | コネ社会 연고 사회 | 悪弊 악폐 | 自称他称 자칭 타칭 | 血眼 혈안 | ともあれ 어찌 되었든, 하여간 | 勤しむ 부지런히 힘쓰다, 열심히 노력하다 | 身内 일가, 친척 | 耳にタコができるほど 귀에 못이 박일 정도로 | 促す 촉구하다, 재촉하다 | ノイローゼ 노이로제 | そのくせ 그런데도, 그러면서도 | 全集 전집 | 聞き返す 되묻다, 반문하다 | 本代 책값 | さること 물론 | 反問する 반문하다 | 要するに 요컨대 | 水準 수준 | わきまえる 분별하다, 분간하다 | 奨める 권하다 | むかつく 화가 치밀다 | 滋養分 자양분 | 書物 책 | 詳らかな 자상한, 상세한 | かえって 오히려 | ありがた迷惑 달갑지 않은 호의 | 倅 아들 | 提案 제안 | 一晩 하룻밤 | 感想 감상 | 届く 도착하다 | ご褒美 상, 포상 | ～度に ～할 때마다 | 名義 명의 | 通帳 통장 | 積み立てる 적립하다 | 賞与 상여, 보너스 | プラスする 플러스하다 | 時点 시점 | 渡す 건네다 | 単位 단위 | はまる 빠지다 | 目当て 목표, 목적 | 加速度 가속도 | 猛スピード 맹렬한 스피드 | わざと 일부러 | 英和対訳 영일 대역 | 童話 동화 | 必殺 필살 | 目論見 계획, 의도, 계산 | 効く 효과가 있다 | 理に適う 이치에 맞다 | 下調べ 사전 조사 | 根拠 근거 | 到達する 도달하다 | 経緯 경위 | 変わった 색다른, 특이한 | 刺激 자극 | 親しむ 좋아하다, 가까이 하다 | 貯蓄 저축 | 造詣 조예 | 物質的 물질적 | 切に 절실히 | 弊害 폐해 | とどめる 멈추다, 정지시키다

문제 13 다음은 '여름 방학 건강 특별 강연회의 안내'이다. 아래의 질문에 대한 답으로써 가장 적절한 것을 1·2·3·4에서 하나 고르시오.

여름 방학 건강 특별 강연회 안내

시간		룸	15일(월)	16일(화)	17일(수)	18일(목)	19일(금)	20일(토)
오전	10 : 00 ~ 11 : 50	A	당뇨 관리 1	노인 난청 1	키가 크는 식사와 운동 2	어린이 비만 예방 2	고혈압 관리 3	노인 난청 3
		B	노인 난청 1	키가 크는 식사와 운동 1	어린이 비만 예방 2	당뇨 관리 2	노인 난청 3	당뇨 관리 3
오후	1 : 00 ~ 2 : 50	A	키가 크는 식사와 운동 1	당뇨 관리 1	부인병 예방 2	노인 난청 2	키가 크는 식사와 운동 3	어린이 비만 예방 3
		B	어린이 비만 예방 1	오십견 예방 1	고혈압 관리 2	오십견 예방 2	어린이 비만 예방 3	키가 크는 식사와 운동 3
	3 : 00 ~ 4 : 50	A	부인병 예방 1	어린이 비만 예방 1	노인 난청 2	키가 크는 식사와 운동 2	부인병 예방 3	없음
		B	오십견 예방 1	고혈압 관리 1	오십견 예방 2	고혈압 관리 2	당뇨 관리 3	
	6 : 00 ~ 7 : 50	A	고혈압 관리 1	부인병 예방 1	당뇨 관리 2	부인병 예방 2	오십견 예방 3	
		B	없음					

※ 주의
1. '어린이 비만 예방'은 초·중학생을 대상으로 하며, 보호자가 같이 수강해도 관계 없습니다. 단, 입장자 수에 제한이 있으므로, 자리가 모자라는 경우에는 보호자는 밖에서 대기해야 합니다. 각 룸은 50명까지이며, 입장은 선착순입니다.
2. 각 강연은 1·2·3으로 구성되며, 2회씩 요일을 바꿔 같은 강연을 하지만(합계 6회), 행사장의 관계로 5회로 끝나는 것도 있으므로 이 표를 잘 봐 주십시오.

25 야마모토 요시오 씨는 50대 샐러리맨으로 오십견 기미. 아버지는 당뇨병을 앓고 있으며, 어머니는 난청이 심하다. 15일의 강연은 근무일이므로 들을 수 없지만, 16일·17일은 휴가를 받고, 18일은 국경일이라서 여러 가지 들을 수 있다. 금요일·토요일은 출장 예정이 들어 있다. 아버지도 어머니도 이미 나이가 있으므로 자신의 차로 같은 시간대에 데리고 가고 싶다고 생각하고 있다. 물론 강연은 낮은 레벨에서 순서대로 듣고 싶다. 그리고 오후 3시에는 행사장을 출발하여 집에 가고 싶다. 행사장인 구민회관은 여러 가지 시설이 있기 때문에 모두 대기 시간 그런대로 지낼 수 있다. 야마모토 씨가 아버지나 어머니를 데리고 강연회에 나갈 수 있는 것은 며칠과 며칠인가?

1 15일·16일

2 16일·17일

3 16일·18일

4 19일·20일

26 어머니는 전업주부로 부인병을 걱정하고 있다. 장남인 다로군은 초등학교 3학년인데도, 비만 기미로 본인은 물론 가족 모두가 걱정하고 있다. 차녀인 교코쨩은 초등학교 1학년으로, 딱히 나쁜 데는 없지만 키가 작아서 고민하고 있다. 어머니는 자신에 관한 강연도, 아이들에 대한 강연도 가급적이면 레벨대로 듣고 싶다고 생각한다. 집에서 행사장까지는 아주 가깝지만, 강연 시간이 너무 분산되지 않은 것이 좋다. 토요일은 볼일이 있어 참가할 수 없다. 어머니 또는 아이들이 참가할 수 있는 요일은 무슨 요일과 무슨 요일인가?

1 월요일·화요일·토요일

2 월요일·화요일·목요일

3 월요일·수요일·목요일

4 월요일·수요일·금요일

五十肩 오십견 | ～気味 기미, 경향 | 糖尿病 당뇨병 | 患う (병을) 앓다 | 難聴 난청 | 勤務日 근무일 | 祭日 국경일 | 歳 나이 | 時間帯 시간대 | 連れて行く 데리고 가다 | 順番どおり 순서대로 | 会場 행사장 | 区民会館 구민회관 | 施設 시설 | 待機時間 대기 시간 | 専業主婦 전업주부 | 婦人病 부인병, 여성병 | 長男 장남 | 肥満 비만 | 次女 차녀 | ばらばらになる 뿔뿔이 흩어지다 | 用事 볼일, 용무 | ルーム 룸, 방 | 管理 관리 | 背が伸びる 키가 자라다 | 予防 예방 | 高血圧 고혈압 | 保護者 보호자 | 受講する 수강하다 | 限り 제한 | 席 자리 | 先着順 선착순

問題8　1 ③　2 ②　3 ①　4 ④　　問題9　5 ①　6 ④　7 ②　8 ③　9 ①　10 ③　11 ①　12 ②　13 ③

問題10　14 ③　15 ④　16 ③　17 ④　　問題11　18 ④　19 ①　20 ③

問題12　21 ③　22 ①　23 ④　24 ④　　問題13　25 ④　26 ①

내용 이해 - 단문

문제 8 다음 문장을 읽고, 다음 질문에 대한 답으로써 가장 적절한 것을 1·2·3·4에서 하나 고르시오.

19년 전 교통사고로 뇌를 다쳐 식물인간이 된 채로 침대에 누워만 있던 남자가 얼마 전 일어났다고 한다. 놀랍게도 어린 시절에 익힌 단어를 거의 기억하고 있다고 한다.

병원에서도 이것은 기적이라며 관련 학회에 보고한다는 것이다. 도대체 무엇이 19년이나 계속 잠들 어 있던 눈을 뜨게 했는지 알 도리는 없지만, 19년 간 환자의 어머니가 매일 간병하며, 손발을 주무르고 말을 걸었다고 한다. 어머니의 끝없는 사랑이 환자의 눈을 뜨게 했다고 밖에 말할 방도가 없을 것 같다. 누군가를 진정으로 사랑하는 일의 위대함을 이 이야기를 통해서 <u>절실히 느끼게 되었다</u>.

1 문장 안의 절실히 느끼게 되었다는 것은 무슨 뜻인가?

　1 식물인간이었던 사람이 침대에서 일어난 일

　2 식물인간이었던 사람이 어린 시절 기억한 단어를 거의 기억하고 있는 일

　3 어머니의 깊은 사랑에 의해, 환자가 기적적으로 일어난 일

　4 기적이라는 것은 존재한다는 것

脳をやられる 뇌를 다치다｜植物人間 식물인간｜寝たきり 질병 등으로 누운 채 일어나지 못하는 상태, 거동 불능｜ 殆ど 거의｜奇跡 기적｜報告 보고｜目を覚ませる 눈을 뜨게 하다｜術 재주, 도리｜看病する 간병하다｜手足 손발 ｜揉む 주무르다｜限りない 끝없는｜つくづく 절실히, 곰곰이｜思い知らされる (뼈저리게) 느끼게 되다, 깨닫게 되다

담배를 피우는 남성이 점점 줄고 있다. 건강은 행복의 첫째 조건이라는 인식이 확대되었던 까닭이라 고 지레짐작하지 말지어다. 담배의 가격 인상이라는 절실한 문제를 껴안은 고육지책의 결과라고 말 못 할 것도 없기 때문이다. '흡연 장소'가 생겼다는 것은 금연 구역이 넓어진 것을 의미한다. 그렇다면 물 리적으로 생각할 때 흡연자가 줄기 쉽고 남성이든 여성이든 함께 흡연자가 줄어야만 하는데, 남성이 많 다고 하는 것은 어떤 뜻일까? 여성 흡연자보다 절대수에서 많은 남성이 흡연에 대한 폐해 등에 있어서 의 정보의 교환이 보다 활발하게 이뤄지고 있다는 것은 아닐까.

1 담배의 가격 인상이 흡연 의욕을 감퇴시켰다고는 잘라 말할 수 없다.

2 남녀에게 있어서 흡연율의 경향의 차이는, 담배에 관한 다양한 정보의 유무와 관계가 있을 것 같다.

3 남성으로 건강을 행복의 조건으로 인식하는 사람이 여성에 비해서 높다.

4 남성이 숨기지 않고 담배를 피울 수 있게 된 역사는 여성보다 훨씬 길다.

どんどん 점점 | 認識(にんしき) 인식 | 広(ひろ)がる 넓어지다 | ゆえん 까닭 | 早(はや)とちりする 지레짐작하여 실수하다 | なかれ 말라, 말지어다 | 値上(ねあ)がり 가격 인상 | 切実(せつじつ)な 절실한 | 抱(かか)える (어려움 등)안다 | 苦肉(くにく)の策(さく) 고육지책 | 喫煙(きつえん) 흡연 | 禁煙区域(きんえんくいき) 금연 구역 | 物理的(ぶつりてき) 물리적 | 喫煙者(きつえんしゃ) 흡연자 | 絶対数(ぜったいすう) 절대수 | 弊害(へいがい) 폐해 | 交換(こうかん) 교환 | 活発(かっぱつ)に 활발하게 | 意欲(いよく) 의욕 | 減退(げんたい)する 감퇴하다 | 傾向(けいこう) 경향 | 違(ちが)い 차이 | 有無(うむ) 유무 | 対(たい)〜 대〜 | 比(ひ) 비, 비율 | 包(つつ)み隠(かく)す 숨기다

생각해 보면 우주란 수수께끼에 둘러싸인 것으로 우리들 일개 인간에게는 어디까지 해명할 수 있을지, 알 도리가 없을 것이다. 적시에 씨를 뿌리고 알맞은 손질을 하면, 그 씨가 가진 본래의 유전 정보 그대로의 결과가 얻어진다. 예컨대 수박씨를 뿌리면 '단맛'을, 고추씨를 뿌리면 '매운맛'을 날라다 준다. 땅 속이나 공중의 어디쯤에 그것이 있는지 알 수 없지만, 씨를 뿌리고 물과 거름을 주면 틀림없이 기대한 대로의 결과가 나타난다. 자신 있는 분야에서 창작이라는 씨를 뿌리고 근면 노력이라는 자양분을 주면, 대개 성공이라는 결과가 나오는 것도 같은 이치일지도 모른다.

---

3 필자의 생각을 정리하면 어떻게 되는가?

1 대개 아웃풋된 것은 인풋된 것에 기인한다.

2 대개 인풋된 것은 아웃풋된 것에 기인한다.

3 대개 인풋한 것과 아웃풋된 것은 관련성이 약하다.

4 일반 생활에 있어서 근면 노력은 빼놓을 수 없다.

宇宙(うちゅう) 우주 | 謎(なぞ) 수수께끼 | 包(つつ)む 둘러싸다 | 一介(いっかい)の人間(にんげん) 일개 인간 | 解明(かいめい) 해명 | 〜やら 〜인지, 〜일지 | 判(わか)る 알다, 판단하다 | 術(すべ) 방법, 도리 | タイムリーに 적시에 | 種(たね)を蒔(ま)く 씨를 뿌리다 | 程(ほど)よい 적당하다, 알맞다 | 手入(てい)れ 손질 | 遺伝情報(いでんじょうほう) 유전 정보 | 甘(あま)み 단맛 | 唐辛子(とうがらし) 고추 | 辛(から)み 매운맛 | 地中(ちちゅう) 땅 속 | 空中(くうちゅう) 공중 | 肥(こ)やし 거름 | 得意(とくい)な 자신 있는 | 創作(そうさく) 창작 | 勤勉(きんべん) 근면 | 滋養分(じようぶん) 자양분 | 大概(たいがい) 대개, 대체로 | 理屈(りくつ) 이치, 이론 | アウトプットする 아웃풋하다, 출력하다 | インプットする 인풋하다, 입력하다 | 因(よ)る 의하다, 기인하다 | 関連性(かんれんせい) 관련성 | 欠(か)かす 빠뜨리다

지상파·위성파·케이블 텔레비전, 그리고 유튜브 등 온갖 화면을 접할 수 있는 지금, 시간이 모자라서 보고 싶은 것을 못 보는 시대가 되었다. 그런데도 이따끔 영화가 보고 싶어지는 것은 어째서일까? 화면의 크기? 아니면 소리의 크기? 많은 채널 수와 인터넷의 발달로 영화관은 별로 이용되지 않을 것이다, 라고 말한 적이 있는데, 여전히 버티고 있을 수 있는 것은 왜일까? 시대의 흐름과 함께 살아남는 것과 사양화하는 것이 있다. 살아남은 것에는 그것만의 매력이 있음에 틀림없다. 역시 영화관의 '박력'이라고 하는 개성은 텔레비전의 화면이 커져본들 <u>따라갈 수 있는 것은 아닌 것 같다.</u>

4 문장 안의 **따라갈 수 있는 것은 아닌 것 같다**란 무엇인가?

1 영화관의 크기

2 접할 수 있는 화면의 수

3 영화의 박력

4 영화관의 매력(특색)

地上波（ちじょうは） 지상파 | 衛星波（えいせいは） 위성파 | ケーブルテレビ 케이블 텔레비전 | ユーチューブ 유튜브 | ありとあらゆる 모든, 온갖 | 画面（がめん） 화면 | 接（せっ）する 접하다 | 足（た）りない 부족하다, 모자라다 | 時（とき）として 때때로 | チャンネル 채널 | 発達（はったつ） 발달 | 依然（いぜん） 여전히 | 頑張（がんば）る 버티다, 분발하다 | 時代（じだい）の流（なが）れ 시대의 흐름 | 生（い）き残（のこ）る 살아남다 | 斜陽化（しゃようか）する 사양화하다 | 魅力（みりょく） 매력 | 迫力（はくりょく） 박력 | 個性（こせい） 개성 | ～たところで ～했다고 하더라도 | 追（お）い付（つ）ける 따라붙을 수 있다 | 持（も）ち味（あじ） (사람이나 예술 작품의) 독특한 맛, 특색

문제 9 다음 문장을 읽고, 다음 질문에 대한 답으로써 가장 적절한 것을 1·2·3·4에서 하나 고르시오.

외국어라고 하면 흔히 '영어'라고 생각하기 십상입니다만, 중국어도 있는가 하면 러시아어도 있고 스페인어도 그 안에 들어갑니다. 외국어를 배우는 경우, '빨리,' 정확히' 마스터하기 위한 '방법론'에 대해서도 어느 정도 연구해 두지 않으면 능률이 올라가지 않는 경우도 종종 있습니다. 외국어는 태어나면서부터 듣게 되고 자연히 습득되는 모국어하고는 다르기 때문입니다. 나는 외국어를 배우는 경우, 가장 기본이 되는 것이 그 언어의 발음이라고 생각하는 것입니다. 발음을 확실히 익혀야만 비로소 그 외국어를 배울 기본 조건이 생겼다고 말할 수 있는 것입니다. 다음은 누가 뭐라든 기초 문법이겠죠. 문법이란 그 언어의 가장 근간이므로 그곳을 파악해 두지 않으면 다음으로 옮아가는 것은 어려울 것입니다. 문법 다음은 '어휘'가 등장할 순서입니다.

어휘란 단어의 집합이라는 뜻으로 어휘력이 없으면 회화도 청해도 잘 될 리가 없습니다.

외국어를 배울 때, 잊기 십상인 것은 지금 말한 순서를 따르느냐 아니냐 인데 어쨌든간에 '능숙한 회화'에만 초점이 놓이고 무계획적으로 학습을 진행하여 실패로 끝나는 사람이 많이 있습니다. 발음, 문법, 어휘, 그리고 회화라는 순서를 가장 이상적이라고 생각하는 것은 뭐 잠시 생각하고 얻어진 것이 아니라 18년씩이나 외국어 교육에 종사하고서 얻은 '지식'인 것입니다.

①(　　　) 학습입니다만, 여러 가지 방법이 있습니다만, 가장 자주 쓰이는 것으로서는 책을 읽으면서 단어를 외워가는 '독해'가 제일 무난하다고 생각한답니다.

(우에스기 사토시 『외국어는 어떻게 배워야 할 것인가』에서)

5 필자가 주장하고 있는 외국어 학습법의 순서는 다음의 어느 것인가?

1 발음-문법-어휘-회화

2 어휘-듣기-문법-회화

3 발음-문법-듣기-어휘

4 발음-문법-듣기-숙어

6 ①(　　　)에는 어느 말이 들어가는가?

1 독해

2 듣기

3 문법

4 어휘

필자가 강조하고 있는 내용과 관계가 먼 것은 어느 것인가?

1 외국어는 무엇보다도 발음을 확실히 익히고 나서 배워야 한다.

2 어휘를 늘리는 방법은 긴 문장보다도 짧은 문장이 좋다.

3 처음부터 능숙한 회화에 초점을 두는 경향이 있는데, 별로 권하고 싶지 않다.

4 외국어 학습법에도 그 나름대로 방법이 있으며, 그 순서를 지키는 것이 보다 효과가 오른다.

とかく 흔히 | ～がち 자주 ～임, ～하는 경향이 있음 | マスタする 마스터하다 | 方法論(ほうほうろん) 방법론 | 程度(ていど) 정도 | 能率(のうりつ) 능률 | しばしば 흔히, 종종 | 自然(しぜん)と 자연스럽게 | 身(み)につく (지식, 기술 등이) 몸에 배다, 익숙해지다 | 母国語(ぼこくご) 모국어 | 言語(げんご) 언어 | しっかり 확실히 | 身(み)につける (기술 등을) 습득하다 | 基礎文法(きそぶんぽう) 기초 문법 | 根幹(こんかん) 근간, 근본 | 押(お)さえる 중요한 것을 확실히 파악하다 | 移(う)る 옮아가다 | 語彙(ごい) 어휘 | 出番(でばん) 나갈 차례 | 単語(たんご) 단어 | 集(あつ)まり 모임, 집합 | 聴解(ちょうかい) 청해 | 上手(うま)くいく 잘 되다 | 述(の)べる 말하다 | 順(じゅん)を追(お)う 순서를 따르다 | 焦点(しょうてん) 초점 | 無計画(むけいかく)に 무계획적으로 | 学習(がくしゅう) 학습 | 順番(じゅんばん) 순서 | 理想的(りそうてき) 이상적 | 携(たず)わる 관계하다, 종사하다 | 知識(ちしき) 지식 | 読解(どっかい) 독해 | 無難(ぶなん)だ 무난하다 | 聞(き)き取(と)り 듣기 | 熟語(じゅくご) 숙어 | 増(ふ)やす 늘리다 | きらい (좋지 않은) 경향 | 勧(すす)める 권하다 | 効果(こうか)が上(あ)がる 효과가 오르다

일본에 1,000년에 한 번인가하는 거대지진이 일어났다. 동시에 큰 해일(쓰나미)가 밀려들어 일찍이 없었던 대참사가 일어났다. 뿐만 아니라 해안에 열 지어 있던 원자력 발전소가 붕괴하여 방사성 물질을 여기저기 퍼뜨렸다. 지역 주민의 어려움은 물론이지만 전력 부족에 의해 전력 수요가 핍박해서(注1) 경제계를 둘러싼 큰 문제가 터졌다.

그리고 이 원자력 발전소의 사고로 인하여 탈원자력의 움직임이 세계적으로 확산되고 있다. 앞으로 크게 기대되는 것으로서 태양광 발전, 풍력 발전, 지열 발전과 같은 자연의 힘을 이용한 재생 가능 에너지가 있다. 다만 이것들은 출력 변동이 크고, 전력 시스템이 불안정해지기 때문에 계속적인 ①도입이 어려워진다.

그 때문에 전력의 안정적인 공급을, 저렴하게 그리고 효율적으로 운영할 필요가 있다. 이 전력 네트워크를 시스템적으로 고안한 것이 ②스마트 그리드라고 하는 것이다. 이것은 정보 통신 기술을 구사함으로써 전력의 수요와 공급을 상시 최적으로 (유지)하는, 새로운 개념의 전력망을 의미한다.

그리고 이 시스템을 실현하기 위해서는 고성능이며 경제적 합리성에 적합한 축전기의 개발을 빼놓을 수 없다. 재생 가능 에너지가 고성능 축전기에 저장되어, 전력 수요자가 쓰지 않는 전력을 다른 곳으로 돌림으로써 효과적인 이용이 가능해진다.

그러기 위하여 산관학(産官學)(注2)이 일체가 되어 그 개발에 힘쓰지 않으면 안 된다. 이는 동시에 지구온난화 문제와 에너지 문제의 해결에도 직결되는 고로, 국경을 뛰어넘는 ③모든 예지(注3)를 모아서 나서야 할 과제이다.

(注1) 逼迫(ひっぱく) : 완전히 여유가 없어지는 것

(注2) 産官学(さんかんがく) : 산업계·정부나 자치단체·대학이나 연구기관

(注3) 英知(えいち) : 뛰어난 지혜

8 ①도입이 어려워지는 이유는 무엇인가?

   1 원자력 발전에 문제가 있어도 바로 멈출 수 없기 때문에

   2 태양광 발전은 장소의 제한이 있기 때문에

   3 전기가 언제라도 안정적으로 생산할 수 없기 때문에

   4 전기의 사용량이 일정하지 않기 때문에

9 ②스마트 그리드란 무엇인가?

   1 전력의 안정 공급과 최적화를 실현하기 위하여, 이미 존재하는 발전 시설과 재생 가능 에너지를 종합적으로 시스템화한 것

   2 전력의 안정 공급과 최적화를 실현하기 위하여, 원자력 발전소를 포함하는 모든 기존의 발전 시설을 안정화하는 것

   3 불안 요소가 많은 원자력 발전 시설을 가급적 증설하지 않는 것

   4 전력의 안정 공급과 최적화를 꾀하기 위하여, 이산화탄소를 일체 배출하지 않는 시설을 만드는 것

10 ③모든 예지를 모아서 나서야 할 과제인 이유로서, 필자의 생각에 가장 가까운 것은 어는 것인가?

   1 스마트 그리드는 원자력 발전 사고가 원인이 되어 시작된 것이고, 탈원전의 움직임은 세계적인 것이기 때문에

   2 스마트 그리드 시스템을 실현하려면, 막대한 자금이 들기 때문에

   3 스마트 그리드 시스템을 실현하려면, 고성능의 축전기의 개발이 필요하며, 또 지구 온난화 문제 등, 해결하지 않으면 안 되는 어려운 문제가 많기 때문에

   4 스마트 그리드 시스템은, 태양광·풍력·지열 등의 힘을 이용하기 때문에 많은 인재가 필요하기 때문에

巨大地震 거대지진 ㅣ 大津波 큰 해일 ㅣ 押し寄せる 밀려오다, 밀어닥치다 ㅣ かつて 일찍이, 이제까지 ㅣ 大惨事 대참사 ㅣ 海沿い 해안가 ㅣ 原子力発電所 원자력 발전소 ㅣ 崩壊する 붕괴되다 ㅣ 放射性物質 방사성 물질 ㅣ 撒き散らす 여기저기 뿌리다, 흩뿌리다 ㅣ 地元住民 지역 주민 ㅣ 困難 곤란, 어려움 ㅣ 電力不足 전력 부족 ㅣ 需要 수요 ㅣ 逼迫する 핍박하다 ㅣ 巻き込む 둘러싸다 ㅣ 脱原発 탈원자력 ㅣ 太陽光発電 태양광 발전 ㅣ 風力 풍력 ㅣ 地熱 지열 ㅣ 再生可能エネルギー 재생 가능 에너지 ㅣ 出力変動 출력 변동 ㅣ システム 시스템 ㅣ 継続的 계속적 ㅣ 導入 도입 ㅣ 供給 공급 ㅣ 安価 싼값, 염가 ㅣ 効率的 효율적 ㅣ ネットワーク 네크워크 ㅣ 考案する 고안하다 ㅣ スマートグリッド(smart grid) 고효율, 고품질, 고신뢰도의 새로운 전력 공급 시스템 ㅣ 通信 통신 ㅣ 駆使する 구사하다 ㅣ 常時 상시, 항상 ㅣ 最適 최적 ㅣ 概念 개념 ㅣ 電力網 전력망 ㅣ 合理性 합리성 ㅣ かなう 꼭 맞다, 들어맞다, 적합하다 ㅣ 蓄電器 축전기 ㅣ 蓄える 비축하다 ㅣ 需要家 수요자 ㅣ 他に回す 다른 곳으로 돌리다 ㅣ 有効 유효, 효과가 있음 ㅣ 産官学 산관학 ㅣ 一体となる 일체가 되다, 한몸이 되다 ㅣ 勤しむ 부지런히 힘쓰다 ㅣ 地球温暖化 지구온난화 ㅣ 直結する 직결되다 ㅣ 国境 국경 ㅣ 英知 영지, 예지 ㅣ 取り組む 맞붙다, 매달리다, 시도하다 ㅣ 余裕 여유 ㅣ 自治体 자치 단체 ㅣ 機関 기관 ㅣ 優れる 뛰어나다 ㅣ 知恵 지혜 ㅣ 一定 일정 ㅣ 既に 이미 ㅣ 施設 시설 ㅣ 総合的 종합적 ㅣ 既存 기존 ㅣ 不安要素 불안 요소 ㅣ 増設する 증설하다 ㅣ 図る 꾀하다, 도모하다 ㅣ 二酸化炭素 이산화탄소 ㅣ 一切 일절, 전혀 ㅣ 起因 기인 ㅣ 莫大な 막대한 ㅣ 難問 어려운 문제

일본이 OECD 34개국 중에서 빈곤율(상대적 빈곤율)이 의외로 높은 순위로 되어 있다. 한때 GDP가 세계 제2위라는 식으로 과시해 온 일본이 어떻게 된 것일까? ①상대적 빈곤율이라고 하는 것은, 전 국민의 연간 수입의 절반치의 50% 이하의 연간 수입을 받는 사람의 총인구비를 말하는 것이다. 그 나라의 물가 수준 등이 다르기 때문에, 단순한 수입액으로는 계산이 안 된다. 알기 쉽게 말하면, 생활이 힘들며 빈곤하다고 느끼는 사람이 OECD 중에서 많은 편이라는 이야기다. 이것은 큰 문제다.

예전에는 다이아몬드형 소득 구조로 중간층이 많았다. 하지만 지금은 삼각형 모양의 구조로 저변에 있는 빈곤층의 비율이 압도적으로 많다.

이 원인에는 일본의 장기 고용 관행, 즉 종신 고용제의 폐지나 비정규 노동자의 확대를 들 수 있다. 정치에 의한 경제의 방향(注1)이 일본형에서 서구형으로 바뀌어 왔다. ②일본적인 경영 스타일의 장점마저 없애버린 것 같다.

일본은 서구와는 다른 역사, 문화를 가지고 있다. 일본은 원래 농경 문화에 뿌리내린 평등주의, 서로 돕는 정신을 가지고 있다. 따라서 그것을 토대로 한 성장이나 발전은 환영할 수 있지만, 자신들의 선조가 키워 온 유산마저 없애는 것은 문제다.

메이지 이래, 서구에 따라붙자 추월하자는 정책으로 걸어 왔다.

그러나 지금 경제 대국이 되어 선진국의 무리에 들어간 입장이니, 앞으로 새로운 미래상을 그려야만 한다.

③일본 고래로부터 내려오는 좋은 도덕 관념을 잃지 말고, 보다 평등하고 격차가 적은 경제 사회를 만들어가지 않으면 안 된다.

(注1) 舵取り : 키를 써서 배의 진로를 정하는 일. 즉 일이 잘 되도록 유도, 지휘하는 일

(注2) 堪能だ : 아주 능숙하다

---

11 ①상대적 빈곤율이란 무슨 뜻인가?

1 국민이 1년 들여서 일하여 번 25% 이하의 수입을 얻는 사람의 총인구비

2 전 국민의 평균 수입의 50% 이하에 못 미치는 연간 수입을 얻는 사람의 총인구비

3 자택을 가지고 있는 사람의 수입의 절반에도 못 미치는 수입을 얻는 사람의 총인구비

4 실업보험을 수급 받고 있는 사람의 총인구비

12 ②일본적인 경영 스타일이란 무엇인가?

1 성과주의 제도에 의거하여 중도퇴직자도 많아지는 고용제도

2 입사하면 퇴직할 때까지 같은 회사에서 일할 수 있는 고용제도

3 종신고용제를 유지하면서도 비정규 노동자가 많은 고용제도

4 장기 고용 관행과 성과주의 고용제의 중간적인 고용제도

13 ③일본 고래로부터 내려오는 좋은 도덕 관념이란 어떤 것인가?

1 선진국에 따라붙고 따라잡으려고 하는 경쟁정신

2 불평등과 격차사회에서 다시 일어서려고 하는 반골정신

3 농업사회로서 서로 협력하고 서로 보충하는 상부상조정신

4 농업문화에 뿌리 내린 권력주의 및 서로 경쟁하는 토착정신

貧困率 빈곤율 | 相対的 상대적 | 順位 순위 | 一時期 한때 | 誇示する 과시하다 | 全国民 전 국민 | 年収 연 수입 | 半分値 절반치 | 総人口比 총인구비 | 物価 물가 | 水準 수준 | 異なる 다르다 | 単純な 단순한 | 収入額 수입액 | 計る 재다, 계산하다 | 平たく言えば 알기 쉽게 말하면 | 苦しい 괴롭다, 어렵다 | ダイヤモンド型 다이아몬드형 | 所得 소득 | 構造 구조 | 中間層 중간층 | 三角形型 삼각형 모양 | 底辺 저변 | 割合 비율 | 圧倒的 압도적 | 長期 장기 | 雇用 고용 | 慣行 관행 | 終身雇用制 종신 고용제 | 廃止 폐지 | 非正規労働者 비정규 노동자 | 舵取り 배의 방향을 정하는 것 | 欧米 구미 | 経営スタイル 경영 스타일 | 元来 원래 | 農耕文化 농경 문화 | 根ざす 뿌리가 내리다 | 平等主義 평등주의 | 助け合い 서로 도움, 협조 | 土台にする 토대로 하다 | 先祖 선조 | 遺産 유산 | 追いつく 따라붙다, 따라잡다 | 追い越す 앞지르다, 추월하다 | 政策 정책 | 歩む 걷다 | 経済大国 경제 대국 | 先進国 선진국 | 仲間 무리, 동료 | 立場 입장 | 未来像 미래상 | 古来 고래 | 良き 좋은 | 道徳観念 도덕 관념 | 格差 격차 | 舵 (배의 방향을 조정하는) 키 | 進路 진로 | 定める 정하다 | 物事 물건과 일 | うまく 잘 | 誘導 유도 | 指揮する 지휘하다 | 働く 일하다 | 稼ぎ 벌이 | 満たない 안 되다, 미달이다 | 自宅 자택 | 失業保険 실업보험 | 受給する 수급하다 | 成果主義 성과주의 | 基づく 의거하다 | 中途退職者 중도퇴직자 | 維持する 유지하다 | 立ち直る 다시 일어서다, 회복되다 | 反骨 반골 | 農業 농업 | 協力する 협력하다 | 補い合う 서로 보충하다 | 互助 상부상조 | 権力 권력 | 土着 토착

문제 10 다음 문장을 읽고, 다음 질문에 대한 답으로써 가장 적절한 것을 1·2·3·4에서 하나 고르시오.

우리들 일본인을 서양인이 봤을 경우, 무엇이 떠오를까? 먼저 키가 작다는 신체적 특징이 있을 것이다. 요즘의 일본인의 신장(身長)은 꽤 자라고 있으며 체격도 아주 좋아졌다. 그러기는 하나, 서양인과의 차이는 그렇게 줄지 않았다. 그리고 머리카락 색깔이 흑색 일색이라는 것과, 눈동자가 브라운 일색. 이 또한 대단히 특이하다고 입을 모아 말한다.

그밖에 또 뭐가 있을까? 서양인 지인에게 묻자, 대화를 할 때 목소리가 작다는 것과 몸짓을 별로 하지 않는다는 대답도 돌아온다. 매일 아침 떠오르는 태양의 고마움을 모르듯이, 우리들은 늘 접하고 있는 것에서 특별히 무언가를 의식하는 것은 어려울지도 모른다. ①거기서 한 걸음 떨어짐으로 해서 전체적인 모습을 파악하기 쉬워지며, 그 안에 들어 있는 자신의 모습도 점진적으로 보이게 되는 것은 아닐까.

일본에서 태어나 일본에서 자라고 일본 사회에서 살아간다고 하는 것은, 어떤 의미에서는 일본인의 특성 같은 것을 알아차릴 기회조차 없는 것일지도 모른다. 인간은 멀리 있는 사람과 교제하고, 멀리서 찾아온 사람과 교류하며, 혹은 먼 곳으로 가서 서로 접촉해야 비로소 ②자신이 보이는 것이라 생각한다. 수학 여행을 실시하는 것도 '他'를 아는 일 이상으로 '自'를 뒤돌아보는 목적도 크기 때문일 것이다.

일본어를 아는 외국인과 술안주로 일본인론을 꺼내면 의외로 재미있는 이야기를 많이 들려준다. 외국어라는 것은 그 언어를 쓰지 않는 곳에서 '상당한 실력을 갖추기란 어렵다'라고는 할 수는 없지만, 적어도 수적으로는 그 나라에 간 적이 있거나 살았던 경험이 있는 사람이 나으면 나았지 모자라지 않는(注1) 것은 확실할 것이다. ③만약에 그렇다고 한다면 일본어가 능통한(注2) 만큼 그들의 일본에 대한 이해도도 높다고 하는 것을 말할 수 있다. 물론 어디까지 보편성을 가질지는 약간 의문이 남는다 쳐도 말이다.

듣고 있자니 귀가 따가운 또 하나의 이야기가, 일본인은 상대에 대한 칭찬을 잘 하지 않는다는 점이다. 이 또한 몇 명의 견해이므로 어디까지 보편타당할지는 모르겠지만, 몇 사람에게서 똑같은 말을 들으면 그렇게도 생각되는 법이다. 칭찬하지 않는 것이 뭐가 나쁜가 하고 반문하였더니, '칭찬할 줄 모른다는 것은 인정할 줄 모른다는 것과 마찬가지다. 인정하지 않는다는 것은 자신도 인정 받지 못한다는 뜻으로, 결국은 자신의 발전으로 이어지지 않는다'라는 것이다.

수출액, GDP 규모 등 경제면에 있어서도 각종 문화 시설의 수에 있어서도 서양의 어느 나라와 비교해도 손색 없을 정도로 성장한 일본이지만, 근현대의 문명을 이끄는 중심축인 서양에 배울 바는 결코 적지 않다. 물론 모든 사상에 있어서 그들이 기준이 된다고는 말하기 어렵지만, 하나의 예로서 노벨상 수상자만 봐도 서양의 실력을 인정하지 않을 수 없다. 그러니까 그들의 사고방식이 타당성이 높다고 한마디로 말할 수 없지만, 그들의 의견을 참고로 하는 것은 그 나름의 의의가 있다고 본다.

그렇다면 칭찬할 줄 모르는 국민성을 가지고 있다는 말이 된다. 그렇다면 어째서 그런 행동양식을 가지고 있는 것일까? 질투심이 먼저 나와 솔직하게 칭찬하지 못한다고 밖에 말할 도리가 없는 것은 아닌지. 성공한 사람을 칭찬할 수 없다면 장래 자신의 발전도 바랄 수 없기 때문에, 상대방의 말을 듣고 중히 받아들일 필요가 있다고 생각하는 것이다.

(注1) 優るとも劣らず : 동등하거나 그 이상

(注1) 堪能な : 아주 능숙한

14 ①**거기서**라고 되어 있는데 어디를 가리키는가?

1 자기자신이 살고 있는 일본이라는 곳

2 평소 의식적인 노력을 해도 좀처럼 보이지 않는 환경

3 늘 접하고 있어, 특별히 의식하기 어려운 곳

4 전체적인 모습을 파악하기 쉬운 고마운 환경

15 ②**자신**이라고 되어 있는데 누구에 관한 말인가?

1 자기자신에 대해서 잘 깨닫지 못 하는 필자

2 서양인에 대해서 잘 깨닫지 못 하는 필자

3 자기자신에 대해서 잘 깨닫지 못 하는 일본인

4 자기자신에 대해서 잘 깨닫지 못 하는 사람

16 ③**만약에 그렇다고 한다면**이라고 되어 있는데, 무엇을 가리키는가?

1 일본어를 아는 외국인과 술안주로 일본인론을 꺼내면, 의외로 재미있는 이야기를 많이 들을 수 있게 된다면

2 외국어라는 것은, 그 언어를 쓰지 않는 곳에서는 '진정한 실력을 기르는 것은 어렵다'라고 단정할 수 없다면

3 적어도 수적으로는 그 나라에 가 있거나 살았던 경험이 있는 사람 쪽이 나으면 나았지 모자라지 않다면

4 술을 대작하는 사람의 일본어 능력 아닌, 일본을 보는 힘에는 일가견이 확실히 있다면

17 이 문장에서 필자가 가장 말하고 싶은 것은 무엇인가?

1 서양인의 의견을 참고로 하는 것은 그 나름대로의 의의가 있다.

2 근현대 문명을 이끄는 중심축인 서양에게서 배워야 할 점은 결코 적지 않다.

3 칭찬하지 못 하는 국민성을 어떻게 하지 않으면 안 된다.

4 성공을 바란다면 먼저 성공자를 칭찬하는 것이 중요하다.

思い浮かぶ (생각이나 상념이) 떠오르다 | 身体的 신체적 | 身長 신장 | だいぶ 상당히, 꽤 | 差 차, 차이 | 縮まる 줄다 | 黒一色 검정 일색 | 瞳 눈동자 | ブラウン 브라운, 갈색 | すこぶる 몹시, 매우 | 異様 보통과는 다름, 특이 | 口を揃える 입을 모으다 | 仕種 몸짓, 손짓 | 昇る (해가) 떠오르다 | 常日頃 평소, 늘 | 一歩 한 걸음 | 離れる 떨어지다 | 全容 전용, 전모 | 掴む 파악하다 | 特性 특성 | 気付く 깨닫다, 알아차리다 | 交際する 교제하다 | 交わる 교제하다 | 形姿 외양, 차림새 | 遠方 먼 곳 | 触れ合う 교류하다, 접촉하다 | 修学旅行 수학 여행 | 実施する 실시하다 | 顧みる (언행을) 뒤돌아보다 | 解る 알다, 이해하다 | つまみ 안주 | 優る 낫다, 뛰어나다 | 劣る 뒤떨어지다 | 堪能な 뛰어난, 능통한 | 普遍性 보편성 | いささか 약간, 얼간다 | 疑問 의문 | 褒め言葉 칭찬하는 말 | 数人 몇 사람 | 見解 견해 | 普遍妥当 보편타당 | 反問する 반문하다 | 繋がる 이어진다 | 輸出額 수출액 | 遜色ない 손색 없다 | 率いる 이끌다, 리드하다 | 中心軸 중심축 | 事象 사상, 사실과 현상 | 物差し 척도, 기준 | ノーベル賞 노벨상 | 受賞者 수상자 | 一概に 일률적으로 | 参考する 참고하다 | 意義 의의 | 称賛 칭찬 | 国民性 국민성 | 行動様式 행동양식 | 嫉妬心 질투심 | 素直に 솔직하게 | 称える 칭찬하다 | ゆくゆく 장래, 장차 | 望む 바라다 | 耳を貸す 상대의 말을 듣다 | 受け止める 받아들이다 | 同等 동등 | 真の 진정한 | 飲み交わす 술자리를 나누다, 대작하다 | 一見識 일가견

문제 11 다음 A와 B의 칼럼을 읽고, 다음 질문에 대한 답으로써 가장 적절한 것을 1·2·3·4에서 하나 고르시오.

A

○○산 케이블카 건설을 둘러싸고 현과 시민 단체가 대립하고 있다는 뉴스를 접하고, 현민의 한 사람으로서 시민 단체의 경제관념의 희박함에 실망을 넘어 솔직히 분노를 금할 수 없다. 우리 △△현은 전국에서도 실업률이 높은 것으로 유명한데도, 모처럼의 정부 지원을 거부하는 이유가 도대체 어디에 있는 건지 이해가 안 된다. 정부와 관광업계 관계자, 또 학계의 전문가들이 관광 산업을 활성화시키려는 정당한 목적하에 진행하려는 사업에 반대의 목소리를 높이는 인간들은 정말로 같은 현 사람인지 의심하고 싶어진다. 물론 그들이 말하고 있는 환경 파괴라는 둥, 뭐라는 둥 하는 것에도 전혀 무관심한 것은 아니다. 그러나 지금 우리 현은 섬유 산업의 쇠퇴로 일을 찾아서 현을 떠나는 사람이 늘고 있는데, 천재일우의 기회를 스스로 놓쳐도 되는 건가! 정말로 화가 난다. 시민 단체는 현실을 더욱 직시하지 않으면 안 된다.

B

○○산 꼭대기에 케이블카 건설을 하면 관광 산업에도 새 바람이 불고, 일자리도 늘어 다소 현에 활기가 되돌아오는 것은 인정한다. 그러나 그 효과는 미미한 것에 불과하다. 또 ○○산 등산을 하는 사람에게 설문 조사를 해봐도 '초목이 풍부한 그대로의 자연이 있으니까'가 제일 많은 점만 봐도 알 수 있듯이, 인간의 손을 되도록 가하지 않는 것이 중요하다. 찬성자는 '경기 활성화를 위해서는 필요하다'고 말하는데 케이블카 하나로 경제적 플러스 효과가 얼마만큼 나올지 의심스럽다. '이웃 현에도 있지 않은가' 하고 외치는 사람도 있지만, 그것은 지금만큼 자연 보호, 환경 문제가 떠들썩하지 않았던 시대적 분위기에 도움을 받았던 이야기이며, 지금은 척척 결정할 수는 없다. 건설은 중지해야 한다.

18 케이블카의 건설에 대해서 A와 B는 어떤 태도를 취하고 있는가?

1 A는 기본적으로 반대의 입장이고, B는 적극적으로 찬성하고 있다.

2 A는 적극적으로 찬성의 입장이고, B는 소극적으로 반대하고 있다.

3 A는 적극적으로 반대의 입장이고, B는 소극적으로 찬성하고 있다.

4 A는 적극적으로 찬성의 입장이고, B는 적극적으로 반대하고 있다.

19 A와 B의 어느 의견에도 언급되고 있는 내용은 어느 것인가?

1 케이블카를 건설하면 경제적인 효과는 있다.

2 케이블카를 건설하면 관광객은 는다.

3 케이블카를 건설해도 경제적인 효과는 전혀 없다.

4 환경 보호의 필요성도 느끼고는 있다.

케이블카의 건설에 대해서 A와 B의 조합으로서 적절한 것은 어느 것인가?

1 A의 주장 : 시민단체의 뜨뜻미지근한 태도에 불만이다.

   B의 주장 : 이웃 현도 케이블카를 만들어 경제적 혜택을 보고 있으니까, 우리 현도 서둘러야 한다.

2 A의 주장 : 실업율이 높은 것을 생각하면 건설을 서둘러야 한다.

   B의 주장 : 케이블카로 관광업계에 새바람은 불지 않는다.

3 A의 주장 : 환경 파괴에 대한 것에도 관심을 가져야 한다.

   B의 주장 : 케이블카로 경제적 플러스 효과를 그다지 기대할 수 없다.

4 A의 주장 : 천재일우의 기회를 놓쳐서는 안 된다.

   B의 주장 : 보다 초목이 풍부한 자연으로 만들어 가지 않으면 안 된다.

ロープウェイ 로프웨이, 케이블카 | めぐる 둘러싸다 | 対立する 대립하다 | 経済観念 경제관념 | 薄さ 박약함 | 失望 실망 | 正直 솔직히 | 怒りを禁じ得ない 분노를 금할 수 없다 | せっかく 모처럼, 애써 | 政府 정부 | 支援 지원 | 拒む 거부하다 | 一体 도대체 | 観光業界 관광업계 | 関係者 관계자 | 学界 학계 | 有識者 전문가, 지식인 | 産業 산업 | 活性化する 활성화 | 正当な 정당한 | 疑う 의심하다 | 繊維 섬유 | 衰退 쇠퇴 | 職を求める 일을 찾다 | 千載一遇 천재일우 | 逃す 놓치다 | 腹立たしい 화가 나다 | 直視する 직시하다 | 山頂 산꼭대기, 산정 | 新風 새 바람 | 仕事口 일자리 | 活気 활기 | 戻る 되돌아오다 | 微々たる 미미한 | 登山 등산 | アンケート 앙케이트, 설문 조사 | みどり 신록의 초목 | なるたけ 되도록 | 加える 더하다 | 景気 경기 | プラス効果 플러스 효과 | 疑わしい 의심스럽다 | 唱える 외치다, 주장하다 | 保護 보호 | 騒ぐ 소란을 떨다 | 雰囲気 분위기 | すんなりと 시원스레, 술술, 척척 | 中止する 중지하다 | 態度をとる 태도를 취하다 | 生温い 미온적이다, 뜨뜻미지근하다 | 不満 불만 | 潤う 윤택해지다

문제 12 다음 문장을 읽고, 다음 질문에 대한 답으로써 가장 적절한 것을 1·2·3·4에서 하나 고르시오.

어느 나라를 막론하고 지금 지구촌은 이혼율의 증가로 골머리를 썩고 있다. 주요 선진국의 이혼율은 결혼한 10커플 중, 3커플 이상이라는 보고도 있을 정도로 높다. 부부의 이혼은 가정의 평화를 무너뜨릴 뿐만 아니라, 더 나아가서는 그 사회나 나라의 건전성에도 나쁜 영향을 미칠 수도 있다. 또 이혼에 따른 사회적 부담도 늘어나기 쉽다. 예를 들어 모자 가정에 대한 지원 등이 나라의 재정을 악화시키는 경우도 있을 수 있기 때문이다.

이혼은 옛날에는 어느 나라라도 극히 적었다. 예를 들어 일본·중국·한국 처럼 유교 사상이 강한 지역에서는 여성의 재혼을 근본적으로 못 하게 하는 사회적 분위기가 강해서, 결과적으로 이혼을 억제하는 것으로 이어졌다고 말할 수 있을 것이다.

그러면 왜 ①이혼율이 높아졌느냐 하는 것인데, 일반적으로 페미니즘, 즉 여권 신장에 의한 바가 크다고 한다. 그러나 조금 견해를 달리하면, 과거에 비해 운명결정론보다도 ②운명가능론을 믿는 사람이 늘어났기 때문이 아닐까 하고 말할 수도 있을 것 같다. 전자는 자신의 운명을 인위적으로 바꿀 수 없다고 포기하는 것을 말하며, 후자는 노력에 의해 운명을 바꿀 수 있는 것으로 보는 것을 말한다.

여성의 사회 참가의 확대도 이혼율을 높이는 원인의 하나라고 할 수 있을 것이다. 옛날에는 남편에게 경제적인 면을 전적으로 기대지 않을 수 없었으나, 지금은 여성도 꽤 경제력을 가질 수 있게 되었으며, 남편에게 기대지 않아도 어떻게든 되는 시대가 된 것이다.

뭐가 어찌 되었건 이혼율이 급증하는 최대 원인은 개방된 사회적 분위기에 편승하여, 부부가 서로 진정으로 사랑하지 않는 데에 있는 것 같은 느낌이 강하게 든다. 남편은 아내에게 아내는 남편에게 가진 것을 다하여야 비로소 평화로운 가정을 유지할 수 있다. 특히 최근에는 경제적 불만에 의해서 헤어지는 케이스가 눈에 띄는데, 헤어져도 경제적인 문제는 잘 해결되지 않는다. 해결은 고사하고 도리어 꼬이기 쉬우므로 경계하지 않으면 안 되는 것이다. ③살림(注1)이 하나에서 둘로 늘어나면, 온갖 지출도 함께 증가하는 것은 너무나도 뻔하다.

이혼율의 증가는 두 사람 사이에 태어난 아이들에게 심적·물적으로 악영향을 미치기 쉬우며, 현실적으로 문제가 되는 아동의 대부분은 가정의 붕괴가 원인인 경우가 적지 않다. 여기에 이혼율 증가의 심각성이 있다고 말하지 않을 수 없다. 가정 내의 문제에 의한 등교 거부, 학습 동기의 저하, 비행 등 이혼에 따른 2차적 불상사가 계속해서 일어나기 쉽다. 아이들이 없을 때 하는 이혼은 그나마 구제할 방도가 있을지도 모르지만, 둘이고 셋이고 아이를 둔 채로 하는 이혼은 거의 재난이나 마찬가지다. 당사자 두 사람의 불행에 그치지 않고, 불행을 넘겨주는 데에 문제의 심각성이 숨어(注2) 있는 것이며, 그러니까 어떻게든 막지 않으면 안 된다. 가정의 평화를 지킬 수 있는 유일한 길은 건전한 동시에 깨끗한 사랑은 기본이며 근면, 노력하는 부부상을 그려가는 것에 있다고 생각하는 것이다. 교편을 잡은 지(注3) 사반세기. 가정에 문제가 있는 학생의 지도를 맡을 때마다 가슴에 박혀드는 상념이다.

(注1) カマド : 살림·생활

(注2) 潜む : 숨어 있다

(注3) 教鞭を取る : 선생이 되다

21 ①이혼율이 높아졌다는 것은 왜인가?

1 과거에 비해 운명가능론을 신봉하는 사람이 줄었으므로

2 과거에 비해 운명결정론을 신봉하는 사람이 늘었으므로

3 자신의 인생을 자신의 힘으로 개척해 갈 수 있다고 생각하는 여성이 늘었으므로

4 여성의 사회 운동이 확대하였으므로

22 ②운명가능론이라고 되어 있는데, 이 문장에 따르면 그것은 다음의 어디에 해당하는가?

1 운명은 인위적인 노력에 의해, 좋게 할 수가 있다는 사고방식

2 운명은 인위적인 노력을 해도, 바꿀 수가 없다는 사고방식

3 운명은 노력만으로는 좋아지지 않고, 운도 필요하다는 사고방식

4 운명은 신에 의해, 이미 벌써 정해져 있다는 사고방식

23 ③살림이 하나에서 둘로 늘어나면, 온갖 지출도 함께 증가하는 것은 너무나도 뻔하다라고 되어 있는데, 어떤 의미인가?

1 살림을 하나에서 둘로 늘리면, 공사비가 든다는 것은 말할 것도 없는 너무 분명한 것이라고 하는 의미

2 살림을 하나에서 둘로 하면, 공사비는 들지만 그만큼 가계이 좋아졌다는 의미인 것은 말하지 않아도 안다는 것

3 살림을 두 군데에서 겸해서 하면, 모든 면에 있어서 지출이 는다는 것은 말하지 않아도 안다는 것

4 떨어져서 살면, 모든 면에 있어서 지출이 는다고 하는 것은 말하지 않아도 너무 분명한 사실이라고 하는 것

24 이 문장에서 필자가 가장 말하고 싶은 것은 무엇인가?

1 최근 이혼이 늘기 시작한 것은, 경제적인 문제에 기인하는 바가 크다.

2 페미니즘의 보급이 이혼율을 높인 것은 부정할 수 없다.

3 교사로서 문제 학생의 지도를 맡을 때마다 이혼의 무서움을 맛보므로, 그것을 막을 수 있도록 지역 사회가 노력하지 않으면 안 된다.

4 2차적 불상사를 초래하기 쉬운 이혼을 막기 위하여, 바람직한 부부상을 구축하지 않으면 안 된다.

地球村 지구촌 | 増加 증가 | 頭を悩ます 골머리를 앓다 | 主要 주요 | カップル 커플 | 壊す 부수다, 깨뜨리다 | ひいては 더 나아가서는 | 健全性 건전성 | 及ぼす 미치다, 끼치다 | 増す 늘다, 많아지다 | 母子家庭 모자 가정 | 財政 재정 | 悪化する 악화하다 | 極めて 극히, 몹시 | 儒教思想 유교 사상 | 根本的 근본적 | 抑制する 억제하다 | フェミニズム 페미니즘, 여성해방론, 여권확장론 | 女権伸張 여권 신장 | 見方 보는 법, 견해 | 運命決定論 운명결정론 | 運命可能論 운명가능론 | 人為的 인위적 | 放棄する 방기하다, 포기하다 | 全面的 전면적 | 何はともあれ 하여튼 | 急増 급증 | 開ける 열리다, 개화하다 | 便乗する 편승하다 | 尽くす 다하다, 다 바치다 | こじれる 뒤틀리다, 비꼬이다 | 警戒 경계 | カマド 살림 | 支出 지출 | 理屈 이치, 그럴듯한 논리 | 児童 아동 | 崩壊 붕괴 | 深刻性 심각성 | 不登校 등교 거부 | 非行 비행 | 不祥事 불상사 | 救う 구하다 | もうける (자식을) 보다 | 災難 재난 | 等しい 마찬가지다 | 当事者 당사자 | 受け継ぐ 이어받다, 계승하다 | 潜む 숨다, 잠재하다 | 清い 깨끗하다 | 教鞭を取る 교편을 잡다 | 四半世紀 사반세기 | 指導に当たる 지도를 맡다 | 刺さる 꽂히다, 박히다 | 所帯 생계, 살림 | 暮らし 생활 | 隠れる 숨다 | 信奉する 신봉하다 | 切り開く 개척하다 | 分かりきる 뻔하다 | 家計 가계 | かけ持ちする 겸임하다 | 普及 보급 | 味わう 맛보다 | 招く 초래하다 | 望ましい 바람직하다 | ありかた 모습, 모양 | 築く 쌓다, 구축하다

문제 13 다음은 아르바이트 구인 정보지의 일부이다. 아래의 질문에 대한 답으로써 가장 적절한 것을 1·2·3·4에서 하나 고르시오.

주식회사 캐리어로드 신주쿠 지점

업무 : 스포츠 브랜드 어패럴·구두·화장품 등의 가격표 부착, 분류하는 가벼운 작업

시간 요일 : ① 8:00~18 : 00(시급 1000円/당일 지불·주급 가능)

② 20 : 00~익일5:00(시급 1200円/주급) *휴게 1시간 있음

③ 월요일~금요일까지 근무(단, 금요일은 야간작업 없음) * 토일은 휴무

조건 : 미경험자 대환영(남/녀). * 단 하루 근무라도 OK!

상아이 빌딩 서비스(주)

업무 : 당사 거래처인 편의점·다방·비즈니스 호텔에서의 청소(작업복 매일 지급)

시간과 요일 : ① 20:00~익일 6:00(시급 1250円/월급. * 휴게 2시간 있음)

② 공휴일 제외, 매일 근무

조건 : 미경험자 대환영(남/녀)

주식회사 LC목스

업무 : 가전제품, PC 부품의 검품 작업(작업복 지급 및 목욕비 별도 지급)

시간과 요일 : ① 9:00~18:00(식비 1100円/월급. 휴게 2시간 있음)

② 14:00~22:00(시급 1150円/월급)

* 식사 시간과 휴게 시간 합해서 90분 있음

③ 월요일~토요일까지 근무(일요일·공휴일은 휴무)

조건 : 미경험자도 OK. 남녀 가능 하나, 야간은 남자만. 최소 1개월 이상 근무를 희망.

(유) 라쿠라쿠

업무 : 스마트폰 관련 부품 검품, 박스 채우기, 입출하 체크 등

* 작업 후의 목욕 1시간도 근무 시간으로서 계산.

시간과 요일 : ① 9:00~18:00(시급 1000円·당일 지불·주급 가능) * 휴게 90분 있음

② 14:00~22:00(시급 1150円·주급·석식 제공)

* 식사 시간과 휴게 시간 합해서 90분 있음

③ 공휴일 이외는 매일 근무

조건 : 미경험자도 OK. 남녀 가능하나, 야간은 남자만. 최소 1개월 이상 근무를 희망.

25

A씨는 월요일부터 금요일까지 작은 공장에서 일하고 있는데, 주말(토·일)만 하는 아르바이트를 하여 부수입을 얻으려고 생각하고 있다. 급료는 당일 지불을 희망한다. 물론 수입은 많은 게 좋지만, 단지 야간 일은 체질에 안 맞다. A씨가 찾고 있는 가장 어울리는 아르바이트 회사는 어디인가?

1 주식회사 캐리어로드 신쥬쿠 지점

2 상아이 빌딩 서비스 (주)

3 주식회사 LC목스

4 (유) 라쿠라쿠

B씨는, 몇 개월 전까지 회사 경리부에서 일을 했었는데, 갑작스런 도산으로 지금 실직 중이다. 새로운 경리 일이 찾게 될 때까지 아르바이트라도 해서 가급적이면 저금을 축내지 않았으면 하고 있다. 사무직이 아니라도 상관없는데, 단지 더러움을 타는 그런 일은 피하려고 생각하고 있다. 또한 새로운 경리 일이 발견되면 언제라도 그만둘 수 있는 아르바이트를 원한다. B씨에게 가장 어울리는 아르바이트 회사는 어디인가?

1 주식회사 캐리어로드 신쥬쿠 지점

2 상아이 빌딩 서비스 (주)

3 주식회사 LC목스

4 (유) 라쿠라쿠

求人情報誌 구인 정보지 | 副収入 부수입 | 給料 급료 | 当日払い 당일 지급 | 希望する 희망하다 | 苦手 잘 못함 | ふさわしい 어울리다 | 支店 지점 | 株式会社 주식회사 | 有 유한회사 | 数ヵ月 몇 개월 | 経理部 경리부 | 見つかる 발견되다, 찾게 되다 | 貯金 저금 | 減らす 줄이다 | 事務職 사무직 | 汚れる 더러워지다 | 辞める 그만두다 | スポーツブランド 스포츠 브랜드 | アペレル 어패럴, 기성복 | 値札付け 가격표 붙이기 | 仕分け 분류, 구분 | 軽作業 가벼운 작업 | 時給 시급 | 日払い 당일 지급 | 週払い 주급 | 休憩 휴게, 휴식 | 勤務 근무 | 夜間 야간 | 未経験者 미경험자 | 当社 당사 | 取引先 거래처 | お掃除 청소 | 作業着 작업복 | 支給 지급 | 月払い 월급 | 祝祭日 축제일, 공휴일 | 除く 제외하다 | 家電品 가전제품 | パーツ 부품 | 検品 검품 | 銭湯代 목욕비 | 別途 별도 | 夕食 석식 | 提供 제공 | 含める 포함하다 | スマートフォン 스마트폰 | 箱詰め 박스 채우기 | 入出荷 입출하 | 入浴 입욕, 목욕 | 計上 계상, 계산하여 올림